中公新書 2740

釘貫 亨著

日本語の発音はどう変わってきたか

「てふてふ」から「ちょうちょう」へ、音声史の旅

中央公論新社刊

はじめに

本書の読者は現代人なので、五十音（あいうえお）によって、日本語の母音が五つであることを知っている。しかし、本書を読めば奈良時代には母音が八つあったことをその根拠とともに知ることができるだろう。それでは、奈良時代に存在した残りの三つの母音とはいったいどんなものだったのだろうか。それは、二番目のイ、二番目のエ、二番目のオというべき三つの母音があり、これらを併せて八母音が区別されていたのである。

また、ハ行の「はひふへほ」の発音は奈良時代では「パピプペポ」であった。つまり、「母《はは》」の発音はパパ（papa）だったのである。

「い」と「ゐ」、「え」と「ゑ」、「お」と「を」は、いろは歌を唱える場合、今では発音の区別がない。だが、平安時代以前にはそれぞれ「い（i）」と「ゐ（wi）」、「え（e）」と「ゑ（we）」、「お（o）」と「を（wo）」のように発音が区別されていた。「いし（石）」は「イシ（isi）」のように発音されたが、「ゐなか（田舎）」は「イナカ」ではなく、むしろ「ウィナカ（winaka）」のように発音されたのである。このようにそれぞれの仮名は、固有の音を背負っていた。だから古典文では「いし（石）」「ゐなか（田舎）」だけでなく、「えらふ（選ふ）」と

「こゑ（声）」、「おす（押す）」と「をはる（終はる）」などのように発音によって綴《つづ》りが使い分けられ、それぞれが安定した綴りを保っていた。

こうして古代語では、四十七の仮名にそれぞれ固定した音が張り付いていた。「富士《ふじ》（fuji）」と「藤《ふぢ》（fudi）」、「梶《かぢ》（kadi）」と「火事《くわじ》（kwaji）」、「京《きやう》（kyau）」と「今日《けふ》（kefu）」が違う発音で区別されたのである。

しかし、本書の目的は単に古い発音を復元することではない。「日本語の発音はどう変わってきたか」の書名が示すように、昔の日本語の音声がどのような要因で、どのような経過を経て現代語の音声に近づいたのかを明らかにすることにある。本書は、日本語音声の歴史的な変遷を、奈良時代から現代語に近い江戸時代半ばまでの中央語を対象にして叙述するものである。

日本語の音声史を一人で通史として叙述する試みは少ない。古代から近代まで、それぞれの時代の音声の実態を、研究者が個別に論じてきたからである。そういう状況では、音声史を趨勢《すうせい》によってとらえることが難しい。

そこで本書は、古代から近代までの長いスパンで、音声変化の理由を探ろうと試みた。言語音声は、偶然聞こえる物音とは違って、語の意味とそれを伝える仕組みとしての文法が関係している。本書は、この点に着目して古代から中世に至るまでの日本語の音声変化を、単語が長くなること、すなわち「ヒ」から「ヒカリ」、「チル」から「チラス」のように文法単位が長大化する趨勢とのかかわりで把握しようとする。

単語が長くなるにしたがって、聞き違いが少なくなり、発音がゆるくなった。そこで、音節の発音の流動化が起こった。イ音便（書きて→書いて、聞きて→聞いて）やウ音便（麗しく→麗しう、悲しく→悲しう）が引き起こした単語内の母音連続、促音便《そくおんびん》（切りて→切って）、撥《はつ》音便《おんびん》（止《や》みて→止んで）のような特殊な音が生まれた。また、漢字由来の「キャ、クヮ」などの拗音《ようおん》、「相《さう》［au］」「蝶《てふ》［eu］」のような融合した母音が日本語内部に入り込んだ。本書の副題「「てふてふ」から「ちょうちょう」へ」にある「蝶」は、もともと漢字原音にあるpを反映して、塔《たふ》、法《ほふ》などと同じく「テフ」と記されたが、「テウ」に変化し、ついには「チョウ」というような変貌《へんぼう》を遂げた。

これら一連の変化によって漢字の音読みが発音しやすくなり、たくさんの漢語が日本語として定着した。多様化した音節表記は、明治以後、西洋由来の外来音（キャンプ、ビューロー等）を転記する受け皿となった。

このように音声は、時の流れのままにとめどなく漂流していくように見える。だが、意味の伝達や文法が時に音声の流動化に歯止めをかけ、言語共同体の秩序を維持している。日本列島内で話されてきた日本語は、周りを海に囲まれた独特の地理的条件によって、緩やかに閉じられた国語共同体を保持してきた。それによって、私たちは千年を隔てた『万葉集《まんようしゅう》』や『古今和歌集《こきんわかしゅう》』の和歌が間違いなく日本語で詠まれていることを直観することができる。その点が共通の祖語から広い欧州大陸で多岐に発達した欧州諸言語との違いである。

それでは、さっそく日本語音声史の旅を体験しよう。

目次

日本語の発音はどう変わってきたか

――「てふてふ」から「ちょうちょう」へ、音声史の旅

序章
万葉仮名が映す古代日本語音声
――唐代音からの推定

第一節　万葉仮名が日本語の形を保存する

古代人の声の再建

四十年以上前、私が国語学専攻の大学院生であったころの話である。自己紹介をかねて私が奈良時代の母音の研究をしているというと、専門外の方から、「そんな録音機もない古代の発音がどうして分かるのか」と言われた。このような反応は一人や二人ではなかったが、これは当然の疑問である。

しかし、八世紀奈良時代に用いられた仮名（いわゆる万葉仮名《まんようがな》）を資料にすれば、かなり正確な古代語音声の再建が可能である（「再建」は言語学用語。本書では同じ意味を適宜「復元」「再現」ということがある）。万葉仮名は、漢字の音読みのもとになった中国語音を参考にして、これと似た日本語音節（おおむね五十音図の一つ一つの項目に当たると考えてよい）に漢字を当てたものである。最初は、「能登《のと》・伊勢《いせ》・古志《こし》」のような地名や「麻呂《まろ》・比古《ひこ》・比売《ひめ》」のような人名から用いられはじめて、次第に助詞・助動詞のような文法形式、「こもる」、高き」のような用言語尾にも使われるようになった。この万葉仮名によって古代日本語の姿を再現できるのである。

万葉仮名というのは通称で、正確には漢字本来の表意用法である真名《まな》に対する「仮名」である。仮名には平仮名、片仮名もあるので、それらと区別して「万葉仮名」と呼んでいる。『万葉集《まんようしゅう》』をはじめ奈良時代以前の文献に多用されたのでこのようにいうが、現代でも地名のほか、「由香《ゆか》・恵理《えり》・美由紀《みゆき》」等々、人名にも盛んに使用される現役の表音文字である。中国でも漢字の表意機能を捨てて表音機能だけを利用して「卑弥呼《ひみこ》」「邪馬台《やまたい》(国《こく》)」あるいは「阿弥陀《あみだ》(仏)」のような、漢人になじみのない外国の人名地名や文物に当てることは存在した。

日本人による万葉仮名の用法の拡大によって、律令《りつりょう》国家創業期の八世紀には漢字だけを使って日本語の文が書けるようになった。

日本列島の文字資料

では、万葉仮名はそもそもいつごろからわが国に存在するのか。中国から直接渡来したものを別にすれば、日本列島に文字資料が現れはじめるのは五世紀後半(四七一年ころ)の稲荷山《いなりやま》古墳(埼玉県)鉄剣銘文と江田船山《えたふなやま》古墳(熊本県)鉄剣銘文あたりからである。この

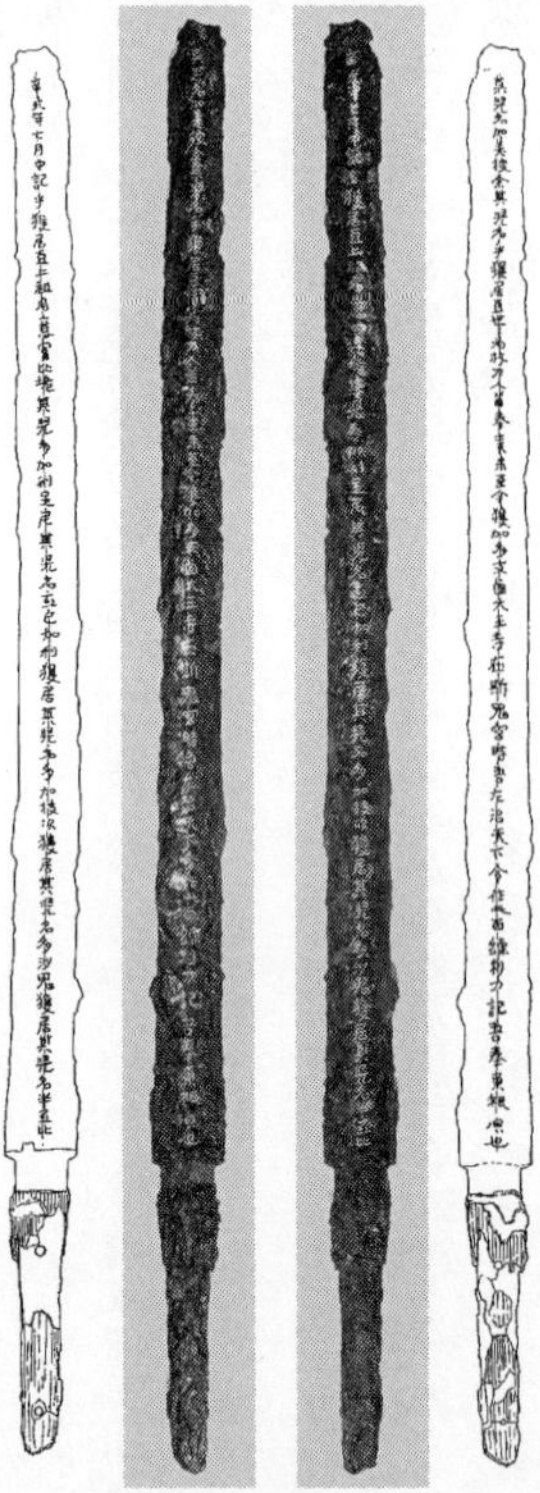

稲荷山古墳出土鉄剣（国〔文化庁保管〕、写真提供・埼玉県立さきたま史跡の博物館、銘文線画は埼玉県教育委員会発行『埼玉稲荷山古墳』1980より）

ころから六世紀末の推古《すいこ》王朝までの、金属や石に彫りこまれた文章（金石文《きんせきぶん》）は、漢文本文の合間に日本の地名と人名が万葉仮名で記されている。次に挙げるのは、稲荷山古墳出土鉄剣銘文とその解釈である。万葉仮名の部分は、傍線と振り仮名を付けた。

辛亥年七月中記乎獲居《をわけ》臣上祖名意富比垝《おほひこ》其児名多加利足尼《たかりすくね》其児名弖已加利獲居《てよかりわけ》其児名多《た》加披次獲居《かはしわけ》其児名多沙鬼獲居《たさきわけ》其児名半弖比《はてひ》其児名加差披余《かさはよ》其児名乎獲居《をわけ》臣世々為杖刀人

首奉事来至今獲加多支鹵《わかたける》大王寺在斯鬼《しき》宮時吾左治天下令作此百練利刀記吾奉事根原也

（『稲荷山古墳出土鉄剣銘』）

辛亥《しんがい》年は、西暦四七一年、「獲加多支鹵大王」は、歴史書から雄略《ゆうりゃく》天皇と推定される。右の文は次のように解釈される。原文で万葉仮名の部分は傍線を付けた。

辛亥の年七月に記す。ヲワケの臣先祖の名はオホヒコ、その子の名タカリスクネその子の名テヨカリワケ、その子の名タカハシワケその子の名タサキワケその子の名ハテヒその子の名カサハヨその子の名ヲワケの臣は代々都の儀仗兵《ぎじょうへい》の首座を拝命してきたが、いま磯城《しき》宮のワカタケル大王の治世において天下に命じてこの百練の利刀を作らせたことを記して、私が大王にお仕えすることの根拠とする。

しかし、右のような文章は、骨格は漢文であり、これだけでは文法形式や音声、語順といった古代日本語の実態は不明である。日本語を表記するには、このような表意文字を連ねた漢文だけでは無理で、語形や文法形態を表音的に転写するまとまった量の文字のかたまりが必要である。

万葉仮名を駆使した日本語表記

最初は、右の鉄剣銘文や律令国家の戸籍・計帳の類の公文書のように、固有名詞だけに用いられた万葉仮名も、助詞・助動詞や用言の送り仮名に用法が拡大して、奈良時代には、日本語の表記が可能になった。そのおかげで大量の和歌が日本語の語彙《ごい》と文法の形そのままに現代に伝わった。万葉仮名には、古代日本語の音声に関する情報が豊富に含まれる。万葉仮名で書き留められた和歌の例を見てみよう。

敷《ふ》多《た》我《が》美《み》能《の》 夜《や》麻《ま》尓《に》許《こ》母《も》礼《れ》流《る》 保《ほ》等《と》登《と》藝《ぎ》須《す》 伊《い》麻《ま》母《も》奈《な》加《か》奴《ぬ》香《か》 伎《き》美《み》尓《に》伎《き》可《か》勢《せ》牟《む》
（二上《ふたがみ》の　山に籠《こも》れる　霍公鳥《ほととぎす》　今も鳴かぬか　君に聞かせむ）
（『万葉集』巻十八、四〇六七、遊行女婦《うかれめ》土師《はにし》）

右は『万葉集』の和歌であるが、千年以上昔の作品であっても、これが日本語で詠まれていることに疑問の余地はない。現代語訳の必要すらないかもしれない。「二上の山」とは古代に越中《えっちゅう》の国府があった富山県高岡《たかおか》市伏木《ふしき》所在の山である。この和歌では「やま」は

「山」ではなく「夜麻」と書かれている。漢字の「山」が古代文献に何千例あろうとそれを奈良時代にどう訓《よ》んだかは分からないので、和語の「やま」の存在を証明できない。しかし、仮名書きの「夜麻《やま》」一例でそれが証明される。ちなみに「夜麻」だけでは「よま」などとも読めるではないかと思う読者もいるだろうが、『万葉集』では「夜麻」以外に「也麻」「野万」、また訓読み「八（や）」を仮名に用いた「八万《や》」も使われるので古代語「やま」の存在が確定する。

この万葉仮名で書かれた和歌によって、私たちは「やま」「こもる」「ほととぎす」「いま」「鳴く」「君」「聞かす」のような現代語にまで使われる日本語の基本語彙が、奈良時代にすでに存在していたことを知るのである。

固有名詞以外の語彙や助辞にも万葉仮名をたっぷり使用して日本語を表記したいという官人たちの欲求が、七世紀末から八世紀はじめに和歌や「宣命《せんみょう》」によって実現した。「宣命」は、天皇の儀式的口頭伝達であり、『続日本紀《しょくにほんぎ》』（七九七年）に収められている。最古の宣命は六九七年の文武《もんむ》天皇即位詔である。歴史上、最も古い整った日本語表記は、文武即位詔かそれに近い時期に詠まれた柿本人麻呂《かきのもとのひとまろ》の和歌である可能性が高い。以下、文武即位宣命の冒頭部分を挙げる。

現御神《あきつみかみ》止《と》　大八嶋国所知天皇大命《おほやしまぐにしらしめすすめらがおほみこと》良麻止《らまと》　詔《のりたまふ》　大命《おほみこと》乎《を》　集《うごなはり》　侍《はべる》　皇子《みこ》等《たち》　王《おほきみ》等《たち》　百官人《つかさつかさのひと》等《たち》
天下《あめのした》　公民《おほみたから》　諸《もろもろ》　聞食《ききたまへ》止《と》　詔《のる》。（以下略）
（解釈：生きている神としてこの大日本国を支配される私こと天皇の大命として宣言なさる大命をここに集まった皇子たち、親王たち、司々《つかさつかさ》の官人たち、並びに天下の公民たちよ。諸々《もろもろ》聞き給《たま》えと宣言なさる）

このような表記は、格助詞「乎（を）」や「止（と）」のような文法形式や自尊表示の接尾辞「良麻（らま）」のような送り仮名に相当する部分を小書きに仮名表記するのが特徴である。これを宣命書きという。次は、人麻呂の和歌のうち作歌年代が最も古い「日並皇子挽歌《ひなみしのみこばんか》」（『万葉集』巻二、一六七、持統《じとう》三年〔六八九〕）のはじめの部分である。

天地之《あめつちの》　初時《はじめのときの》　久堅之《ひさかたの》　天河原尓《あめのかはらに》　八百万《やほよろづ》　千万神之《ちよろづかみの》　神集《かみつどひ》　集座而《つどひいまして》　神分《かむはかり》
分之時尓《はかりしときに》　天照《あまてらす》　日女之命《ひるめのみこと》　一云、指知上日女之命《さしあがるひるめのみこと》　天乎婆《あめをば》　所知食登《しらしめすと》　葦原乃水穂《あしはらのみづほ》
之国乎《のくにを》　天地之《あめつちの》　依相之極《よりあひのきはみ》　所知行《しらしめす》　神之命等《かみのみことと》　天雲之《あまくもの》　八重掻別而《やへかきわけて》　（以下略）

この人麻呂歌の助詞や送り仮名にあたる部分の万葉仮名は宣命と違って小書きにされてい

ないが、表記の仕方は同じである。人麻呂を宣命書式開発にかかわった官人の一人とする説があり、私もその可能性が高いと思っている。宣命方式の和歌表記は万葉時代前期、特に七世紀半ばの白鳳《はくほう》期を代表する書式である。なお、先に例を挙げた巻十八の万葉歌は一字一音の総仮名で表記されているが、これは万葉時代後期に当たる八世紀前半の天平《てんぴょう》期以後になってから現れる。

八世紀後半に成立した『万葉集』は、四千数百首もの和歌を収める古代語の宝庫であり、これによって私たちは奈良時代の言葉を体系的に再建できるのである。

なかでも注目されるのは、万葉仮名の背後にある唐《とう》代の漢字音の情報を用いて奈良時代語の発音の様相を再建できることである。奈良時代語資料としての万葉仮名の強みは、漢字である点にある。

万葉仮名は飛鳥《あすか》・奈良時代ころの中国隋唐音《ずいとうおん》（中古音）の影響下にあり、中国中古音が分かれば同じ時期の八世紀奈良時代語の発音が再建できるのである。以下にその理由を説明しよう。

第二節　隋唐音声と万葉仮名の読み

中国唐代音と日本語

奈良時代語音声の再建にとって幸運なことに、伝統的な漢語音韻学《おんいんがく》は中国中古音（隋唐音）の復元に最大の精力を注いできた。中国中古音は、体系的な形で再建できる中国最古の時代の音声である。(1) 何ゆえ中古音再建が熱心に進められたのか。それは、唐代が漢詩の絶頂期であり、宋《そう》代以後の中国知識人にとって唐代（中古）音の修得が大きな教養上の関心事であったからである。

中国音韻学の目的は、漢詩の押韻《おういん》の規則を復元することにあった。唐代は、漢詩の完成期であり、後の世代の中国人にとって李白《りはく》、杜甫《とほ》、白楽天《はくらくてん》のような詩を作ることが目標となった。作詩は、公務員試験（科挙）の正課であり、中国ではこれが特に重視されたので、若者はよく勉強した。私たち日本人にとって、紀貫之《きのつらゆき》や紫式部《むらさきしきぶ》の活躍した国文学黄金時代の平安古典が古文の模範として位置づけられ、この時代の文法が高校古文や大学入試で課されているのと同じである。

中国の音韻学は、漢《かん》代末から六朝《りくちょう》時代にかけて起こったが、発展したのは、宋代（十世紀）以後である。音韻学の目標は、隋唐時代の洛陽《らくよう》や長安《ちょうあん》の音声を再建することと考えてよい。漢字音声の規範を漠然と中国古典古代音とすることから始まって、中国各地、各時代の音声の在り方が議論され、次第に漢詩の黄金時代であった唐代音を再建する方向に目標が純化されてきた。

漢語音韻学は、清《しん》朝考証学（十七世紀）において絶頂期を迎えたが、この蓄積のうえに二十世紀に西洋由来の比較言語学と音声学による発音推定の成果を加えて、中国中古音および上古音（詩経の音声）の再建が成し遂げられた。漢語音韻学に西洋言語学の方法を注入して中国語音声史の近代化に貢献したのがスウェーデン人言語学者バーナード・カールグレン（一八八九〜一九七八）である。その際、比較、参照されたのが隋唐長安音を反映する『切《せつ》韻《いん》』、『広韻《こういん》』等の韻書のほか、現代中国諸方言と日本漢字音である。カールグレンの理論と方法については、項を改めて説明する。

言語の個性と音節分析

韻書とは、六朝以来の伝統を持つ中国の音韻学書の総称である。これらは、隋代の『切韻』をはじめ、『切韻指掌図《せついんししょうず》』、『切韻』系韻書である北宋《ほくそう》の『広韻』、南宋《なんそう》の『韻鏡《いんきょう》』等の各種韻書として残っている。

漢語音韻学における漢字音再建のための大切な方法は次の二点である。一つは、反切法《はんせつほう》、もう一つが音図《おんず》である。

漢字は、ローマ字やギリシャ文字のような音素文字と違って、仮名と同じ音節文字である。「音節」とは発話を細かく区切って得られる最も小さな「聞こえ」の単位である。会話の際、主に聞こえてくるのが母音である。母音は、発話の聞こえを担保する。音節は一かたまりの母音を核として前後に子音が張り付いて聞こえの単位を形成する。

例えば、英語の strike（[straik]）は、一つの母音塊 [ai] の周辺に複数個の子音が張り付いて一音節で語を形成している。strike では、[ai] にアクセントがある。英語は強弱アクセントなので、[ai] を強く発音してアクセントを示している。ここでは、一語に一個のアクセントが付随する。

いっぽう、一音節の strike を取り入れた日本語のストライク（[sutoraiku]）は、母音 [u] [o] [ai] [u] 四塊で四音節となり、仮名表記すると [ai] で「あい」二字分取って「すとらいく」と五拍（拍をモーラという）という長い単語となる。同じように、

はながさいた

の文では、五音節として、

は／な／が／さい／た

のように分析される。「さい」が一音節であるのは［ai］で聞こえのひとかたまりを成しているからである。

日本語とりわけ古代語の音節は、「ア・イ・ウ・エ・オ」のような単独母音から成るもののほか、「カ・サ・タ・ナ・ハ・マ・ヤ・ラ・ワ」のような一個の子音C（consonant）と一個の母音V（vowel）から成る音節、あるいはy・wのような半母音と一個の母音V（ヤ・ユ・ヨ・ワ等）から成る単純なCV構造を構成していた。仮名一個に当たる音節CVが積みあがってココロ、モノ、コト、ソコのような基本語彙を構成するのが日本語の特徴であるといわれる。

反切による漢字音の説明

古代中国の音韻学では、漢字の発音を、漢字を使って説明しなければならなかった。仮名も音節文字であり、現代語の平仮名片仮名の発音の仕方を、仮名の発音の知識のない外国人に向かって説明しようとしても、ローマ字や発音記号を使わず、仮名だけを使って説明することはできない。例えば日本語学校で「か」の仮名の発音を説明するには、黒板にkaと書くか、いっそのこと教師が［ka］と発音して模範を示すのが手っ取り早い。日本人相手の幼稚園や初等教育で子どもに仮名「か」の発音を教えるにしても、教師が［ka］と発音して手本を示せばよい。

だが、現代語ならそれでよいが、漢字だけを使って未知の漢字音声の説明をするにはそんなやり方は不可能である。対面教育などない時代に、書物だけを通して普遍的な方法で漢字音声を説明するのは困難を極めたに違いない。

中国伝統の音韻学も、「まだ知らない漢字音を、すでに知っている漢字を使って説明する」ことの困難に直面してきた。そこで音韻学者は、ある漢字の発音を知りたいとき、既知の漢字二つを重ねて、上字の子音（音）と下字の母音（韻と四声）を連結する方法で行った。

例えば、「東」という漢字の発音を知りたいとする。次頁の図のように、「東、徳紅反」、つまり徳［tək］の先頭の子音tと紅［huŋ］の中核母音uŋをジョイントすると東［tuŋ］の読みが得られると説明する。これを「反切」という。『切韻』や『広韻』のような韻書は、このような反切によって、漢字音を分類してある。多数の漢字を相互に反切で規定しあうことによって、どの字とどの字が共通の子音と共通の母音を持つかの絞り込んだ分類が可能になる。気の遠くなるような作業であるが、これを反切系連法という(2)。

漢語音韻学は、音節文字である漢字によって漢字の音声を説明するという限界を超えられなかった。その結果、隋唐中古音が実際にどのような発音であったかというリアルな発音の推定までには届かず、西洋の比較言語学と音声学に頼らざるをえなかった。

カールグレンは、比較言語学と音声学の知見によって中国各地の方言音声や日本漢字音を比較対照して中古音の発音の推定に成功した。精緻《せいち》を誇った漢語音韻学も西洋言語学の後塵《こうじん》を拝したのである。

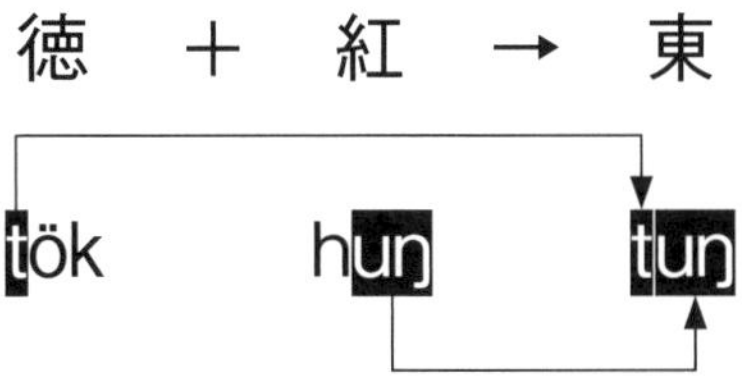

反切の例

比較言語学による隋唐中古音の再建

カールグレンが実践した比較言語学と音声学による中国中古音の再建とは、具体的にどのような方法であるのか。カールグレンが隋代長安の音体系を反映すると考えた『切韻』（六〇一年）および『切韻』系韻書（『広韻』等）は、漢字音を反切によって分類したものである。隋に続く唐朝は、漢詩の全盛期であり、特に宋代以後の知識人にとって、唐代詩の押韻の規則を学ぶために中古音に対する関心が深く、それゆえ後代の音韻学書も隋唐時代の音体系をモデルにしたのである。

例えば、「卑」「滂」「並」「明」等の字は、韻書では、いずれも両唇が子音の発音に関係するので「唇音《しんおん》」の範疇《はんちゅう》に分類されている。しかしこれだけでは漠然としていて、隋唐時代にどんな発音であったのかははっきりしない。そこで、カールグレンは現代中国諸方言三十種を観察し、これらの字の最初の子音がp・p'・b・m等の発音（p'はpに吐く息が加わった音）であることを調べ上げた。そうすると韻書の分類による「唇音」は、隋唐時代の音声でも最初の子音がp'・bやmの類の音であった可能性が高いことになる。「唇音」と同じような関係が「居」「挙」「虚」「歌」「斤」（音韻学の分類では「牙音《がおん》」、方言音声では、頭子音は、k・k'等で出現する）、「刀」「倒」「討」「東」（音韻学の分類は「舌音《ぜつおん》」、方言音声は、t・t'等で出現）においても見いだされる。

また、漢字音節の中核を成す韻においては、「虚」「許」「魚」「諸」（音韻学の分類ではこれらの字に共通の韻を「魚」字で代表させて「魚韻」という。方言音声では、[io]の発音）や、「東」「凍」「同」「童」（音韻学の分類は共通の韻を「東」で代表させて「東韻」という。方言音声では、[uŋ][iuŋ]等の発音）が、それぞれ近似している。このような音韻学の分類と現代方言音声との対応関係は、偶然の一致とは考えられない。

このような歴史的系統関係を同じくする言語（この場合は中国語）に見いだされる方言の諸変異を対照、比較して、古い形や音声を復元する作業が、ゲルマン諸語やロマンス諸語で言語学者が実践した比較言語学による祖語と祖形再建の方法である。これは、伝統的な音韻学者がおこなわなかったことで、彼らはひたすら反切法と音図による子音と韻と声調の分類に明け暮れていた。そのような作業は、カールグレンがおこなった音声学的方言観察による古音再建のリアリティに遠く及ばない。カールグレンは、『切韻』の反切例をもとにして、複雑を極めた隋唐音系（三十六の子音声母と二百六の韻母）の音声を再建した。それはあたかも、七世紀、八世紀の長安の都で聞いてきたかのようなリアリティを持っていた。

カールグレンの方法の資源であった印欧比較言語学の資料は、ローマ字、ギリシャ文字のような表音文字であるから、歴史上の音声の概略的把握は近代からでも比較的容易であった。しかし、漢字は表意文字であり、発音を表さない。しかも、千数百年も前の発音を推定しようとすれば、複雑な音節構造を持つ漢字の方言音声を直接耳で聞いてそれを記述し、さらに正確に再現できる転写法が必要である。そのような研究者の要望に応えたのが十九世紀末から英仏を中心に起こってきた新興科学の音声学であり、各国語の正書法を超越した客観的で精密な音声転写法である国際音声字母（ＩＰＡ）であった。ＩＰＡは、私たちにとって英語の発音記号でおなじみである。

カールグレンは、反切と音図の音韻学に加えて、比較言語学と音声学の手法を注入し、中国語音声史を近代科学の水準に高めた。

『韻鏡』の新しさ

次に音図について説明する。隋唐中古音の（子）音を縦軸に、母音を横軸に配置、図示した四十三枚の音図集『韻鏡』は、宋代に成立した。『韻鏡』は、従来の反切法による表示に代わって、多数の漢字音の相互関係を一挙に図示する斬新な方法であった。だが、科挙受験のための参考書程度に扱われたためか、本国では亡失した。他方、わが国には鎌倉時代に伝わって以来、古典籍として盛んに注釈された。日本の漢語音韻学は、室町時代以後、『韻鏡』注釈が主流となった。

次頁に『韻鏡』の一部を示した。

同書における子音軸は、「唇音・舌音・牙音・歯音《しおん》・喉音《こうおん》」の基本五種類の範疇から成る。さらに子音を清濁に分類する。

横軸は、伝統的漢語音韻学でのアクセントの分類である平上去入《ひょうじょうきょにゅう》によって、「東」「董」「送」「屋」と共通の母音に分けて代表させる。図のそれぞれの小枠に表示されている漢字（小韻字）を代表として多くの漢字が想定されている。これが小枠ごとに四字分置かれている。これは［i］音が介入する「口蓋化」の程度に応じて一等字から四等字まで配置したものである。図表の空白部の丸印は、理論上考えられるが、漢字が想定できないものをこのよ

世界史

哲学・思想

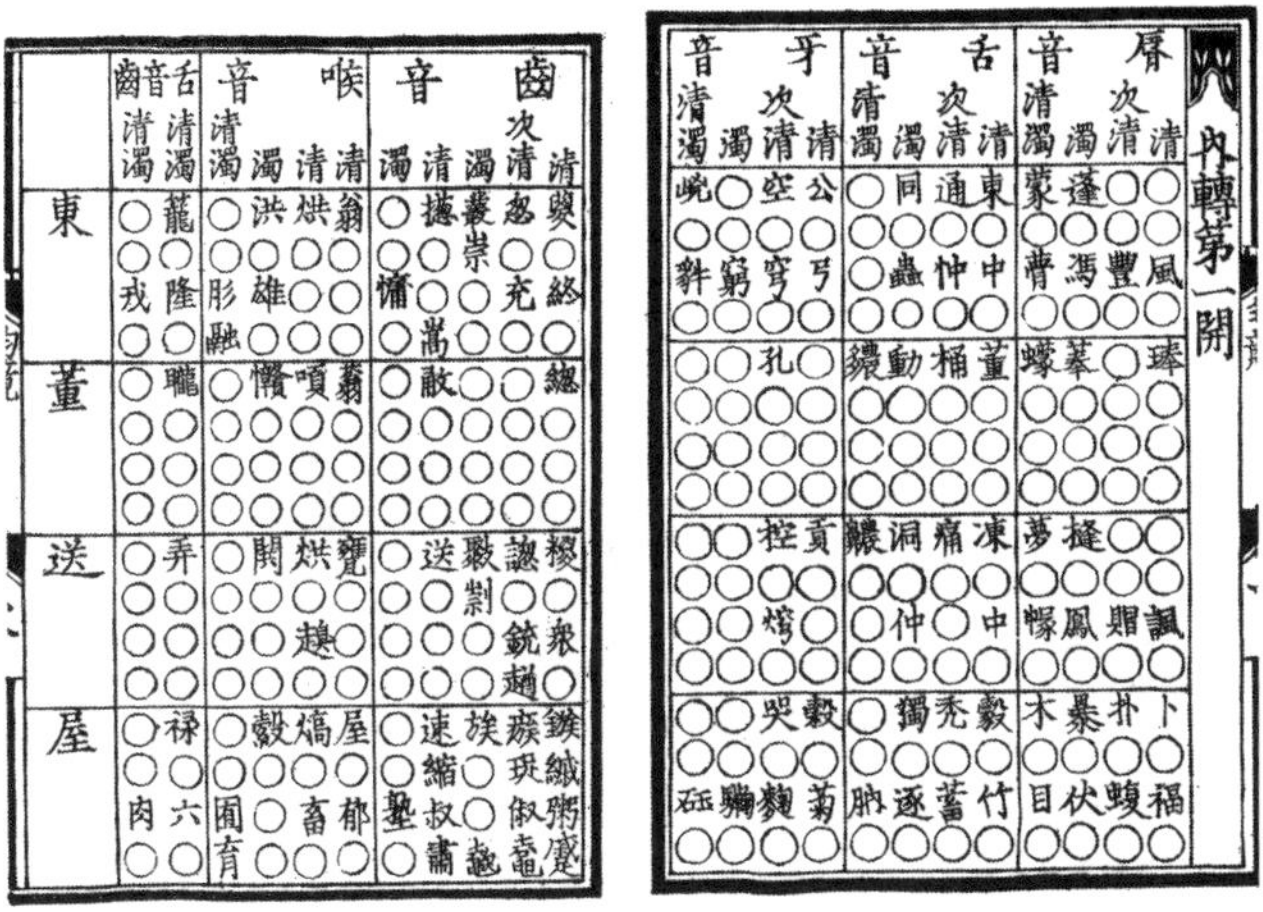

『韻鏡』図

うに記してある。例えば表の「東韻」の右端にある「風」という字は、東（[uŋ]）と韻をともにし（横軸）、唇音かつ清音（縦軸）であることを示している。

カールグレンは、『切韻』に載る反切を図表化した『切韻指掌図』を重んじて、中国に残らなかった『韻鏡』をあまり重視しなかった。だが、日本人言語学者有坂秀世《ありさかひでよ》（一九〇八～五二）が同書を再評価した[3]。漢語音韻学における『韻鏡』注釈学は、古音復元の成果も含めて日本で大いに発展した。

有坂をはじめとする『韻鏡』注釈の成果を踏まえた奈良時代語音声の再建法を次に説明したい。

第三節　漢字と古代日本語資料

奈良時代の発音を復元する

八世紀の万葉仮名に使用された漢字の音読みの源は、主として唐代長安音すなわち中国中古音である。そのように考えられるのは、漢字と漢字文化を多量に受け入れた七世紀から八世紀にかけての律令国家創業期が中国隋唐時代に当たり、中国文化の影響をどの時代より受けたことによる。奈良時代の日本人は、唐朝長安の漢字音を貪欲《どんよく》に吸収した。留学生も出した。

それ以前にも、日本人は、仏教を中心に五世紀から六世紀の中国六朝時代の漢字音を学んできた。六朝時代の中国は、仏教が盛んにおこなわれた。ここから学んだ漢字音を呉音《ごおん》という。「平等《びょうどう》、如来《にょらい》、男女《なんにょ》」等、呉音に仏教語が多いのはこのためである。

八世紀に新たに流入した唐代長安音を漢音《かんおん》と呼んで呉音と区別したが、のちのち呉音と漢音の対立が日本語と漢字文化に様々な影響をもたらす。この問題については、第五章で「漢字の音読み」の問題として触れる。

伝統的な中国音韻学は、宋代以来、八世紀の唐代長安音再建を目標としてきた。八世紀唐代と奈良時代が同時代だったことが、日本の古代音声再建にとって幸運であった。隋唐長安音の影響を受けて奈良時代の日本漢字音の読みが形成された。そうであれば、中国中古音が分かれば、結果として古代日本語の発音が復元できることになる。

音声学によって細密に記述された中国中古音を参照して、奈良時代語の発音を推定したのが有坂秀世である。有坂は、中古音研究の成果を生かして、奈良時代語の母音、子音あるいは音節の発音の実態を詳細に復元し、大きな業績を上げた。「録音機もない奈良時代の発音がどうして分かるのか」という本章冒頭に挙げた疑問は、有坂の仕事によって解消する。

有坂による万葉仮名分析を通じた古代語音声研究の進展によって奈良時代に八つの母音があったことも判明してきた。これについては、第一章で詳しく述べるが、一例を挙げると「コ」の万葉仮名には「古・湖・胡・己・許・去・虚」と幾つもあって、基本的にそのうちのどれを使っても「コ」の音が表示できるはずである。しかし、実際には「箱・婿・子・越す」等の「コ」には「古・湖・胡」の類の万葉仮名だけを使い、「事・琴・心・底」等の「コ」には「己・許・去・虚」の類の万葉仮名だけを使って、互いに侵さない関係を維持していた。このような万葉仮名の使い分けは、オ段では「コ」以外に「ソ・ト・ノ・ヨ・ロ」と濁音「ゴ・ゾ・ド」、イ段の「キ・ヒ・ミ」と濁音「ギ・ビ」の万葉仮名、エ段の「ケ・ヘ・メ」と濁音「ゲ・ベ」の万葉仮名にも見いだされる。この排他的な用法から、奈良時代には「イ・エ・オ」列の母音が二種類ずつ、計八母音があったことが割り出された。また、ハ行子音は、現代語のようなh音ではなくp音つまり「パ・ピ・プ・ペ・ポ」であったこと、さらにサ行子音はs音ではなくts音つまり「ツァ・ツィ・ツ・ツェ・ツォ」であったことなどが浮上してきた。

特に八母音の実態は、奈良時代語独自のもので平安時代以後現代にいたるまでの人々が全く想像もしないことであった。奈良朝古典の万葉仮名分布から割り出された音声分析の離れ業である。

退けられた『古事記』偽書説

この機会に、奈良時代語資料である万葉仮名がどれほど信頼できるものであるのかを検証しておきたい。飛鳥・奈良時代当時に書かれた木簡《もっかん》や経典《きょうてん》注釈、各種公文書のような原本そのままの一次資料を除けば、『古事記《こじき》』、『日本書紀《にほんしょき》』、『万葉集』をはじめとする上代古典籍には、成立期の原本は伝わらない。『万葉集』全二十巻の現存する最古の写本は、鎌倉時代に出そろうのである。『古事記』に至っては南北朝時代の真福寺本《しんぷくじぼん》が最古の写本であるにすぎず、正史の『日本書紀』と違って史書に記載されず、公的に注釈もされなかった。そのため『古事記』は、奈良時代の成立ではなく後世に創作されたものであるという「古事記偽書説」が主張された。賀茂真淵《かものまぶち》による偽書説がよく知られている。

このような事情によって、『古事記』は近世期の知識人の間で十分信頼されてこなかった。この謎の書物に詳細な注釈を施し、史籍として世に送り出したのが、本居宣長《もとおりのりなが》『古事記伝《こじきでん》』（一七九八年完成）であった。この書で宣長は、平安時代以後、忘却されていた特殊な仮名用法をはじめて報告した。『古事記』の万葉仮名で「コ・メ・キ・モ」をはじめ、少なからぬ仮名に二種類の使い分けがあることを明らかにしたのである。ついで宣長の弟子石塚龍磨《いしづかたつまろ》が上代文献全体に調査を及ぼして、「キ・ケ・コ・ソ」以下、十三種の仮名に二類の使い分け（上代特殊仮名遣いと呼ぶが、第一章で詳しく説明する）が存在することを報告した（『仮字遣《かなづかい》奥山路《おくのやまじ》』一七九八年以前成立）。この使い分けは、平安時代以後忽然《こつぜん》と消滅し、本居師弟の発見まで全く知られることがなかった。

上代文献の万葉仮名資料に残る十数種の仮名の二類の使い分けには、奈良時代人だけが知り得る「秘密の暴露」が含まれている。これは、資料としての信頼性を強く担保するものである。後世の者は、このような仮名の二類の使い分けまでは創作できない。特に宣長は、『古事記』の「モ」の仮名の二類（毛・母）の使い分けについても報告したが、この使い分けは、『古事記』から数年後に成立した『日本書紀』や『万葉集』で早くも失われたものであり、奈良時代より一層古い時代の状態を明らかにした。

『古事記』の万葉仮名の資料的信頼性は、確固たるものであって、偽書説はこの点において成立しない。偽書説の要点は、序文をはじめ、編纂《へんさん》にかかわった人物や内容、注釈状況に関する疑念が中心であり、万葉仮名の資料的信頼性の前には無力である。このように、宣長の『古事記』考証は正確で、『日本書紀』や『万葉集』にも記されない仮名使用の古態をあぶり出した。このような『古事記』の仮名資料の信頼性と一九七九年の太安万侶《おおのやすまろ》墓誌銘の発見が偽書説にとどめを刺した。

宣長と龍磨の考証によって、『古事記』と上代文献の万葉仮名の資料的信頼性が確認された。上代古典の古写本は少ないが、万葉仮名資料の信頼性は極めて高いのである。古写本に恵まれないという点では、平仮名で書かれた平安王朝古典も同じであるが、平仮名は表音文字として万葉仮名よりはるかに洗練されているがゆえに、書写のたびにその時代の音声の影響を受け、表記が変化しやすい。その結果、後世の写本には平安時代にあるとは考えにくい係り結びの乱れや連体形による文の終止といった後代の語法や音声の特徴が混入してしまった。『源氏物語《げんじものがたり》』は、現在、藤原定家《ふじわらのさだいえ》によって整備された鎌倉時代の写本をもとに流布しているが、紫式部自筆本がどんな様相であったか想像もつかないらしい。

その点、上代古典の万葉仮名は原本を忠実に伝えると考えられる。

それでは次章で万葉びとの発音について検討しよう。

第一章
奈良時代の音声を再建する
——万葉びとの声を聞く

奈良時代語（八世紀）の音節（一部濁音を除く）

あ a	い i	う u	え e	お o
か	き甲 き乙	く	け甲 け乙	こ甲 こ乙
さ tsa	し si	す	せ	そ甲 そ乙
た	ち ti	つ tu	て	と甲 と乙
	ぢ di	づ du		
な	に	ぬ	ね	の甲 の乙
は pa	ひ甲 ひ乙	ふ pu	へ甲 へ乙	ほ po
ま	み甲 み乙	む	め甲 め乙	も甲 も乙
や		ゆ		よ甲 よ乙
ら	り	る	れ	ろ甲 ろ乙
わ	ゐ wi		ゑ we	を wo

＊右では甲乙のＩＰＡ表示をしていない。発音の区別はあるが実際の発音推定に諸説ある。また、現代語と変わらない発音についてはア行母音を除いて表示しない。

第一節　奈良時代のハ行音とサ行音

奈良時代のハ行音

序章では、次の三つについて説明した。

① 伝統的漢語音韻学
② 近代的中国歴史音声学
③ 価値の高い万葉仮名資料

この三つの要素を活用して、本章では奈良時代語の音声を具体的に考えたい。日本語の発音が再建できる最古の時代が八世紀奈良時代である。奈良時代の発音再建例で最も有名なものの一つが、ハ行子音である。奈良時代のハ行子音は、pで発音されていたことが判明している。このことは、明治期に大槻文彦《おおつきふみひこ》『広日本文典《こうにほんぶんてん》』（一八九七年）によっても示唆されていたが、言語学者上田万年《うえだかずとし》（一八六七〜一九三七）がドイツ留学仕込みの比較言語学的手法によって古代語ハ行子音pを復元し、「P音考」（一九〇〇年脱稿）を著したことによって注目された。(1) 上田の推定は、比較言語学の手法である類推を駆使した、従来にない新しい手法による研究であったので、大きな影響を与えた。

上田の仮説的結論を継いで実証的資料的研究としてハ行子音の再建をおこなったのが有坂秀世の万葉仮名分析である。

ハ行ハヒフヘホの表示に使われた万葉仮名には、「波太（肌）、比可利（光）、布佐（総《ふさ》）、宇倍（上《うへ》）、保思（欲《ほ》し）」等に用いられた「波・比・布・倍・保」をはじめ、多くの種類がある。一部を挙げると「播・芳・破・方・半・泊（ハ）」「比・卑・必・非・悲（ヒ）」「布・不・敷・富（フ）」「辺・平・部・閉（ヘ）」「本・保・宝・褒（ホ）」等である。これらのハ行仮名の中国中古音は、いずれも子音pやbのような、発音に際して上下の唇を合わせた瞬間、破裂的に離す両唇破裂音である。

いっぽうで、現代語のハ行子音であるhの音を持つ漢字は、ハ行の万葉仮名に使われない。もし奈良時代のハ行子音がhの音なら、中国中古音でhを持つ「昏・忽・欣・訓・海・火」等の、たくさんの漢字がハ行仮名から排除されているのは奇妙である。これらは、現代にいたるまで日本の音読みでは「昏（コン）・忽・（コツ）・欣（キン）・訓（クン）・海（カイ）・火

（カ）」のようにカ行で表される。このことは、奈良時代当時の日本語にhの音が存在せず、隋唐のh音をカ行音kとして聞いた結果である。現代の私たちが英語のviewを「ビュー」のように原音vをバ行音bで把握するのと同じである。kとhの音は、聞くと似ている。「感謝」と「反射」、「腰」と「星」等、kとhの出現位置が同じであれば微妙な差は聞き違いを起こしそうである。

このような万葉仮名の実態から見て、奈良時代のハ行音は「パ（pa）、ピ（pi）、プ（pu）、ペ（pe）、ポ（po）」に近かったと考えるのが自然である。

古代日本語にhの音が存在しなかったのは明らかである。ハ行子音は、奈良時代にはp音であった。これが平安時代はじめにpから破裂性がやや退化してfの音に近い「ファ・フィ」のような音声になった。

平安時代はじめに、天台僧円仁《てんだいそうえんにん》（七九四～八六四）が唐に留学し、その際、インド人僧宝月三蔵《ほうげつさんぞう》から梵音《ぼんおん》（サンスクリット音声）の口伝を受けた記録が残っている。円仁は、最後の遣唐使《けんとうし》として『入唐求法巡礼行記《にっとうぐほうじゅんれいこうき》』（八四七年）を記したことで知られる。円仁『在唐記《ざいとうき》』（八四二年）によると、彼が宝月三蔵から伝えられた梵字《ぼんじ》「pa」の発音は、日本の「波」の万葉仮名の発音（本郷波字音《ほんごう》）に、唇の動きを加えたものである、という。「本郷」とは、円仁にとっての本郷つまり日本のことである。

pa（梵字）、以二本郷波字音一呼レ之、下字亦然、皆加二唇音一

（解釈：梵字 pa は日本の「波」の字音によって発音する。下の「ヒ・フ・ヘ・ホ」も同様であり、すべて両唇の調音を加味する）

梵音（pa）は、日本の仮名「波」の音にやや両唇の調音を加味したものであるという。とすれば、万葉仮名の「波」に代表される平安時代はじめの「ハ」の音は pa より唇音が退化した「ファ（fa）」に近い音であったと解釈できる。

奈良時代のサ行音

有坂秀世は、奈良時代以前のサ行の発音を復元するのに『在唐記』の次の記述に注目した。(2)

ca（梵字）本郷佐字音勢呼レ之。下字亦然。

ŝa（梵字）以二本郷沙字音一呼レ之。但唇歯不大開。合呼之。

sa（梵字）以二大唐娑字音勢一呼レ之。

（解釈：梵字 ca〔ツァ〕は日本の「佐」の字音の勢いで発音する。「シ・ス・セ・ソ」以下の字

も同じである。梵字 śa〔シャ〕は日本の「沙」の字音で発音する。ただし唇と歯は大きくは開かず、すぼめて発音する。梵字 sa〔現代語の「サ」〕は唐朝の「娑」の発音の勢いで発音する）

有坂は、現代語の「サ」に近い梵字 sa の発音を説明するのに、円仁が「本郷音」の語を用いず、わざわざ「大唐」の「娑」（推定中古音は sa）を用いていることに注目する。これは、平安時代極初期の日本語には現代語の sa のような音が存在せず、「ツァ（tsa）」に近い音であったため、「本郷音」で表せなかったからであるとした。古代の「サ」音が tsa であったという有坂の考証は、今では定説となっている。奈良時代以前のハ行子音が p であり、サ行子音も ts であったという有坂の復元案は、国文学をはじめとする隣接の学問にも驚きを与えた。

例えば、『万葉集』の柿本人麻呂の有名な歌に、石見《いわみ》の国で妻と別れた直後の歌が残っている。

小竹《ささ》の葉は深山《みやま》もさやに乱るとも我は妹《いも》思ふ別れ来ぬれば（巻二、一三三）

これは、別れた直後、妻を思うあまり全山を揺るがせる笹《ささ》の葉音もうわの空である、という意味であろうが、『日本古典文学大系　萬葉集一』（岩波書店、一九五七年）の頭注者は、「乱るとも」（乱友）を「さやげども」と読んでこの歌がサ音が柔らかく繰り返される美しい響きがあるとする評価を引きつつ、「有坂秀世博士、橋本進吉《はしもとしんきち》博士」による音の復元案によって当歌の読みを「ツァツァノファファファミヤマモツァヤニツァヤゲドモ〜」としている。この頭注者は、国語学者大野晋《おおのすすむ》（一九一九〜二〇〇八）と思われるが、意図はともかく従来のロマンチックな解釈に冷や水を浴びせたかもしれない。

金田一春彦《きんだいちはるひこ》（一九一三〜二〇〇四）は、ある文章の中で、ハ行子音が上田万年のいうようにp音であったならば、『古事記』天孫降臨の神アマツヒタカヒコホノニニギノミコト、あるいは『日本書紀』での神名アメツヒコヒコホノニニギノミコトの発音が「アメツピコピコポノニニギノミコト」となってしまうと騒いだ国語学者がいたことを紹介している。

もう何十年も前のことになるが、「金鳥《きんちょう》どんと」という商品（使い捨てカイロ）のテレビコマーシャルで、桂文珍《かつらぶんちん》さんと西川《にしかわ》のりおさん扮《ふん》する縄文人が、

ちゃっぷい、ちゃっぷい。どんとぽっち。

という変わったセリフで大当たりをとったことをご記憶だろうか。これについて当時、コマ

ーシャルの制作スタッフが「このセリフは、学問的研究を踏まえている」と言っていたらしい。このセリフが「寒い、寒い。どんと欲しい」の意味であるとすると、このスタッフの発言には、信憑性《しんぴょうせい》がある。コマーシャルでは「さ」の発音が「ツァ」に近い「チャ」と表現されている。「欲しい」の発音が「ポッチ」で表現されるのもある程度うなずける。音声の歴史的研究は、このコマーシャルのような縄文時代の発音までは再現できない。しかし、このセリフが大昔の日本語の発音の研究を踏まえているというのであれば、一応の理解はできる。(3)

第二節　奈良時代に母音は八つあった

なぜ母音が八つだと分かるのか

序章では、現在まで残された上代古典の万葉仮名資料の信頼性について述べた。本章では、その信頼性の最大の根拠である、奈良時代人だけが知る「上代特殊仮名遣い」と、その背後の八母音の存在を詳しく説明したい。

奈良時代に母音が八つあった。これには二つの驚きがある。

① 五母音がお決まりの日本語にそんなことがありうるのか。
② 奈良時代に母音が八つあったということがなぜ分かるのか。

まず、疑問①についてであるが、現代日本語には沖縄方言のように母音の数が三つ（a・i・u）と少ない方言もあれば、八つと奈良時代並みに多い方言もある。

現代日本語において母音が八つある地域は、私が住む町に隣接する愛知県名古屋市である。私は、名古屋方言話者ではない。方言研究者の語るところによれば、名古屋市方言は八母音の体系を持つという。その内訳は、既存の「あ・い・う・え・お」の五母音に加えて、「うまい」「うるさい」等に由来する母音連続［ai］が融合して成立した［æ:］（ウミャー、ウルセァー：英語のhatやcatの母音で［a］の口の形で［e］を発音する）、「あつい」「うすい」等の［ui］に由来する［ü:］（［u］の口の形で［i］を発音する）、「おもい」「おそい」等の［oi］に由来する［ø:］（［o］の口の形で［i］を発音する）の三母音が加わった八母音である。日本語にとって八母音は決して突飛な事態ではない。

次に疑問②の「奈良時代に母音が八つあったということがなぜ分かるのか」については、今から説明しよう。

万葉仮名は、一つの音節を表示するのに幾つもの種類がある。例えば、kaという音は平仮名では「か」一種であるが、奈良時代では「可是・加是（風）」、「加波・河波（川）」、「可・迦・加（助詞の「か」）」のように多様であり、同じ音を表すなら複数ある万葉仮名のどれを用いてもよい。これが当時のすべての音に及ぶので、古代奈良人は、彼らが用いている仮名の背後にいったい音が幾つ存在するのかという自覚と想像が働かない。

しかし、私たち現代人があたかも仮名の森を分け入っていくように万葉仮名の用例をもとに単語を分類していけば、奈良時代に音節が幾つあるかが次第に絞られる。その過程で驚くべき事実が明らかになった。

例えば、「コ」の仮名は奈良時代以前の万葉仮名では、

古之・故之（越し）、波故・波姑・藐孤（箱）、古布・故布（恋ふ）、孤悲・胡悲（恋ひ）、古麻・高麗（駒）

のように「越す・箱・恋ふ・駒」の「コ」を表すのに、「古・故・胡・姑・孤・高」のどれを用いてもよい。また、次の「コ」の仮名では、

己具・許具（漕《こ》ぐ）、許思・己之（腰）、巨勢山・許世山（地名こせやま）、己曽・許曽

（助詞「こそ」）、己呂母・去呂毛（衣）のように、「漕ぐ・腰・巨勢山・こそ・衣《ころも》」の「コ」を表すのには、「己・許・巨・去」のどれを用いてもよい。しかし、先に挙げた「古・故・故」等の仮名によって「漕ぐ・腰・衣」等の「コ」を表示した例はない。反対に「己・許・巨」等の仮名によって「箱・恋ふ・駒」等の「コ」を表示した例もないのである。後世には、同じ「コ」で表すはずの語と仮名に、このような排他的な対立が存在している。

　このような対立は、「コ」にとどまらず、「ソ・ト・ノ・ヨ・ロ」、「キ・ヒ・ミ」、「ケ・ヘ・メ」と、それぞれの濁音仮名に及んでいる。例えば「刀奈利《となり》（隣）、布刀《ふと》・布斗《ふと》（太）、刀《と》・度《と》（処）」における「ト」（刀・斗・度）の仮名グループは、「許等《こと》（言）、等毛《とも》・止毛《とも》（友）」における「ト」（等・止・登）の仮名グループと対立し、「伎奴《きぬ》・岐奴《きぬ》（衣）、多吉《たき》・多《た》伎《き》（滝）」の「キ」（伎・岐・吉）のグループは、「奇利《きり》・綺利《きり》（霧）、都奇《つき》・都紀《つき》（月）」の「キ」（奇・綺・紀）のグループと対立している。

　この万葉仮名の二種類の排他的使用は、奈良時代以前の文献資料にだけ観察され、平安時代以後消失してしまう。このような現象は、何によるのか。

　まず、排他的な対立を持つ仮名は、五十音図でいえばイ列、エ列、オ列の三列の線上に並んで分布している。三列の母音線上に仮名が並び、さらにイ列とエ列の対立は、「キ・ギ・ヒ・ビ・ミ」、「ケ・ゲ・ヘ・ベ・メ」の同じ子音を持つ仮名群に整然と並んで現れる。対立は、ランダムに現れるのではない。この規則性は、偶然とは思えない。「共通の母音線上と共通の子音線上の仮名に対立が現れる」のは、背後に音声が関係しているからである。イ列エ列オ列を貫通する母音の背後に、今では失われた未知の母音が存在したのではないか。つまり既存の五母音に加えて、奈良時代には第二のイ列エ列オ列母音が存在し、併せて八個の母音があったのではないか。

万葉仮名の対立が現れる音節

このような、二種類の区別が存在する仮名群を五十音図上に位置づけるとイ・エ・オの母音線上に並んで分布する規則性が歴然とする。次頁に挙げる図を見られたい。

研究史的に振り返ると、最初にこの仮名の使い分けの現象に気づいたのが本居宣長である。序章で述べたように、宣長が『古事記』の仮名にこの事実を見いだした（『古事記伝』「仮名の条」一七九八年成立）。ついで宣長の門人石塚龍麿が『古事記』以外の上代文献に調査を広げて、この仮名対立の存在を確認、報告した（『仮字遣奥山路』一七九八年以前成立）。宣長と龍麿師弟は、これが上代における音声の区別を反映するものであることを把握していた。宣長は、『古事記伝』において、仮名遣いは、本質的に音声の問題であると明言していたからである[4]。

キ	ケ	コ
ギ	ゲ	ゴ
		ソ
		ゾ
		ト
		ド
		ノ
ヒ	ヘ	
ビ	ベ	
ミ	メ	
		ヨ
		ロ

この現象を再発見し、改めて世に示したのが橋本進吉（一八八二～一九四五）である。橋本は、本居師弟が見いだしながら、長らく無視されてきた仮名の対立を再発見した。

　橋本は、東京帝国大学の国語研究室の副手として、佐佐木《ささき》信綱《のぶつな》（一八七二～一九六三）が指導した国家事業である『校本万葉集』の編集に参加していた。これが、橋本に万葉集に関する文献学的技術を磨く機会を与え、仮名の対立を再発見する道を拓《ひら》いたのである。橋本は、これを「上代特殊仮名遣い」と名づけた[5]。

　橋本は、上代特殊仮名遣いの背後に、奈良時代以前に存在したイ列、エ列、オ列をめぐる未知の三つの母音の存在を予想した。橋本は、漢字音の知識からおそらく単純な母音であると思われる仮名群を甲類（オ列の例：古・素・刀・努・欲・漏、読み方はほぼ「コ、ソ、ト、ノ、ロ」等、子音と母音の単純な結合である）、二重母音か融合的母音と思われるものを乙類（オ列の例：許・去・所・

曽・等・能・余・慮、読み方は「キョ、ショ、ヨ、リョ」等となることがある）に分類した。

仮名の甲乙の区別は語の表記の対立のみならず、文法形態にも及んでいる。動詞の四段活用連用形語尾「キ・ヒ・ミ」（書き、問ひ、読み）は甲類（岐・比・美）、已然形《いぜんけい》の「ケ・ヘ・メ」（書け、問へ、読め）は乙類（気・閉・米）、命令形の「ケ・ヘ・メ」（書け、問へ、読め）は甲類（家・蔽・売）で区別される。下二段活用の「ケ・ヘ・メ」（掛け、求め）は未然形、連用形、命令形すべて乙類（気・倍・米）、上二段活用（恋ひ）は、未然形、連用形ともに乙類（非・悲・肥）である。

イ列エ列オ列の三列にわたる甲乙両類の区別には、橋本はある共通の性格があると示唆しているが、詳しい発音の実態についてまでは語っていない。

> 甲類に属するものは、違った仮名でも、その発音に於《お》いて共通の点があり、乙類に属するものも亦《また》同様であって、そうして、すべての仮名を通じて、甲類と乙類との間には、同様な発音上の差異があったものと考えられるが、この問題は、姑《しば》らくおき、（以下略）
> （「上代の文献に存する特殊の仮名遣と当時の語法」『国語と国文学』第八巻第九号、昭和六年〔一九三一〕）

このように橋本は、母音間の対立がどのような発音の別であったかまでは具体的に踏み込まなかった。その理由は、橋本が万葉仮名に使われる漢字の中古原音についての最新の情報が得られなかったからである。カールグレンの *Étude sur la Phonologie Chinoise*（漢語音韻学の研究）が一九一五年（大正四年）から一九二六年まで、スウェーデンのウプサラ大学から分冊で刊行されているが、橋本はこれに近づくことが困難であったと思われる。カールグレン以前の段階では、漢語音韻学の音声学的近代化は、日中両国ともに成功していなかった。橋本が上代特殊仮名遣いの現象をはじめて公表したのが大正六年「国語仮名遣研究史上の一発見」（『帝国文学』二三・五、一九一七年）であることから、橋本が中国中古音に関する音声学的知見を盛り込むことができなかったのはやむを得ない。

中国中古音推定の最新の成果に基づいて奈良時代語母音の発音再建を瞬く間に達成したのが、有坂秀世である。

第三節　音節結合の法則（有坂法則）の発見

オ列音の用法

奈良時代語の母音が八つあったといっても、現代語の五母音と現れ方はかなり違う。まず、単独母音音節を表す仮名は「ア（安）・イ（以）・ウ（宇）・エ（衣）・オ（於）」と現代語と同じ五種類である。「イ」「エ」「オ」の仮名に甲乙二種類の使い分けはない。使い分けが存在するイ列エ列の甲類音と乙類音は、文法形式の融合部である活用語尾に多く現れるので、母音が融合した二重母音である可能性が高いといわれる。

このような中で注目されるのがオ列音の甲乙対立であり、数多く現れ、用例が多く、これが解消する過程を具体的に再現することができる。なおオ列甲乙母音の発音は、甲類が奥舌で調音する現代語のオ列音に近い［o］、乙類は、「オ」と「ウ」の中間のような［ö］であるといわれている。

オ列音の用法に関しては、「古代日本語の音節結合の法則」を知っておく必要がある。これをほぼ同時期に別々に発見、報告したのが昭和七年（一九三二）十月、当時京都帝国大学学生であった池上禎造《いけがみていぞう》と同年十一月、東京帝国大学学生であった有坂秀世である(6)。有坂は、カールグレンの業績を受け継いで中国音韻学の近代化に貢献し、さらに奈良時代語音声の再建に業績を上げた。昭和前半期の学界に若くして登場し、病を得て惜しまれつつ没した有坂は、日中両言語にわたる音韻学的業績に加えて、音声学に基づく近代理論を構築して、今も後学に慕われる。

有坂は、昭和七年の論文「古事記に於けるモの仮名の用法について」において、『古事記』に現れる「モ」の二類（毛と母）の区別の存在を報告した。有坂によれば、例えば「毛」が使用される語は「もゆ（燃）、まもる（守）、いも（妹）、くも（雲）、くも（蜘蛛）」等、「母」が使用される語は「も（助詞）、もの（物）、もろ（諸）、おもふ（思）、こもる（籠）、ころも（衣）」であり、「毛」と「母」の仮名は語によって厳然と使い分けられていた。これは、本居宣長が『古事記伝』で明らかにしたもので、『古事記』より新しい『日本書紀』、『万葉集』等の文献では見いだされない。『古事記』の「モ」の二類の仮名は、奈良時代より一層古い段階の区別を残すものである。

有坂は、オ列音の甲乙二類の仮名に使われた漢字を現代中国語諸方言に照らして次のように記述した。

> 現代支那方言について考えると、甲類の仮名に用いられた漢字の音は主として後舌母音を含み、乙類の仮名に用いられた漢字の音は主として中舌又は前舌的（殊に前舌円唇的）の母音を含んでいる。
>
> （「古事記に於けるモの仮名の用法について」）

ここで有坂は、カールグレンと同じように、現代中国語方言を参考にして隋唐中古音を推定している。この中古音の再建音声から有坂は、奈良時代日本語音を甲類＝奥舌音［o］、乙類＝中舌音［ö］であると推定した。以後本書では、オ列甲類母音を［o］、乙類母音を［ö］と表すことがある。

有坂法則

しかし『古事記』の「毛・母」については、『韻鏡』の分類によると、ともに甲類相当の漢字であり、漢字だけでは甲乙の帰属は結論できない。そこで有坂は、『古事記』の「モ」以外のオ列音にも例を求めて、次のような奈良時代語の「音節結合法則」（発見者にちなんで有坂法則と呼ぶ）を割り出して、そこから「毛」＝甲類、「母」＝乙類という結論を得た。

第一則、甲類のオ列音と乙類のオ列音とは、同一語根（動詞の場合は語幹）内に共存することがない。

第二則、乙類のオ列音は、ウ列音と同一語根（動詞は語幹）内に共存することが少ない。

第三則、乙類のオ列音は、ア列音と同一語根（動詞は語幹）内に共存することが少ない。

語根とは、単語を構成する要素（例：「試みる」の語根は、こころ・みる、「柔草」の語根は、にこ・ぐさ）のことである。第一則に関連する語根の代表的な例は次のとおりである。

こ甲こ甲（猿声）、も甲も甲（腿《もも》）、と乙の乙（殿）こ乙と乙（殊）、そ乙こ乙（底）、と乙こ乙（床）、
こ乙と乙（事）、こ乙と乙（琴）、こ乙ろ乙（頃）、こ乙そ乙（助詞）、こ乙も乙（薦《こも》）、と乙こ乙（常）、
と乙こ乙ろ乙（所）、と乙こ乙ろ乙（野老《ところ》）、と乙も乙（友）、と乙ど乙ろ乙（動《とどろ》）、の乙ぞ乙・く（除く）、
の乙ど乙（和《のど》）、よ乙そ乙（外《よそ》）、よ乙ど乙（淀《よど》）、よ乙ろ乙・し（吉し）、も乙ろ乙（諸《もろ》）

右のように、オ列音が語（根）内で連続するときは「甲甲」または「乙乙」となって、決して「甲乙」「乙甲」のように混じりあわない。

第二則に関して、オ列乙類音とウ列音が同一語根内に共存する例は、二音節語根では存在しない。三音節語根では、「うしろ乙（後）」「くしろ乙（釧《くしろ》）」の二例のみである。

これに関してウ列音とオ列甲類音が語根内で共存する代表的な例を次に挙げる。

うこ甲（愚《うこ》）、くろ甲（黒）、すそ甲（裾）、つと甲（苞《つと》）、くそ甲（糞《くそ》）、くも甲（蜘蛛《くも》・雲）、むろ甲（室）

右によれば、語（根）内部では「ウ列音―オ甲」が原則であり、この枠内に乙類は非常に少ない。

第三則に関して、オ列乙類音とア列音が同一語根内で共存する例は、二音節語根では「そ乙ば（柧棱）」「と乙が（咎《とが》）」「まろ乙（自称）」「こ乙や・る（臥）」等数例のみである。これに関して、ア列音とオ列甲類音が語根内で共存する代表的な例を挙げる。

まど甲（窓）、うまご甲（孫《うまご》）、あそ甲・ぶ（遊ぶ）、あと甲（跡）、かそ甲け・し（幽し）、かぞ甲・ふ（数ふ）、はろ甲ばろ甲（遥《はろばろ》）、かも甲（鴨《かも》）、こ甲ま（駒）、あそ甲（阿蘇《あそ》）、そ甲が（蘇《そ》我《が》）、そ甲ら（空）、さと甲（里）、はと甲（鳩《はと》）、まよ甲（眉《まよ》）以下多数存在する。

右によれば、語（根）内では「ア列音―オ甲」が原則であり、この枠内に乙類は入りにくい。

第一則には例外がなく、第二則は二音節語根では例外なく、第三則は少数の例外がある。この順序は、有坂法則がその強制力を次第に緩めてゆく実態を反映している。ちなみに、イ列音は、同一語根内にオ列甲乙類とも共存する。次の例を見られたい。

いも$_{\text{甲}}$（妹）、いそ$_{\text{甲}}$（磯《いそ》）、きそ$_{\text{甲}}$（昨夜《きそ》）、しろ$_{\text{甲}}$（白）、ひろ$_{\text{乙}}$（広）、いろ$_{\text{乙}}$（色）、うしろ$_{\text{乙}}$（後）、くしろ$_{\text{乙}}$（釧）、むしろ$_{\text{乙}}$（筵《むしろ》）

要するにイ列音は、この法則に関与せず、中立であると考えられる。

それでは、有坂法則は何のためにあったのか。このような語根内の母音の並び方の「癖」はどんな働きをしていたのであろうか。

それは、この法則によって語と語根の範囲を示すことで、「この範囲に意味を持つ語がある」ということを標示しているのである。語根の所在を音声として示すのは、つまりそこにアクセントと同じ機能があるということである。アクセントは、音の高低差（日本語）や強弱（英語）を利用して語の境目や頂点を強調することで語根の所在を目立たせ、会話の際のヒアリングを助けている。

方言によって多様な様相を見せるので、日本語のアクセントは何の役にも立たないように見えるが、そうではない。現代日本語では、アクセントを利用して、「文節」という単位を標識する。そのことによってヒアリングを助けるのである。例えばＳＦ映画などで、コンピューター内蔵のロボットが、

アナタノコウドウハソシキノキテイニイハンシマシタアナタノコジンジョウホウハファイルニホゾンサレマシタ

というような無機質で機械的な音声を発する場面に出会うことがある。しかし、こういう音声の連続は、アクセントがなく非現実的でヒアリングが難しい。そのため、電車や公共の場のアナウンスは、合成音声であってもアクセントをつけて肉声に近く作られているという。アクセントは、音の高低、強弱によって文法的な働きをする。これに対して、有坂法則は、語根内部の母音配列のグラデーションによって、語根を際立たせる文法的な役割を果たしていたのである。

奈良時代語母音組織の変容

単語や文法形式は、話し言葉では音声によって表される。同じ言語内では、単語が出来るだけ同音異義語を生ずることのないように音声が構成されるのが効果的である。日本語の場合、大和《やまと》言葉においてはこのような配慮がなされていると考えられる。しかし、漢語の場合はもともと外来語で、抽象語が多いこともあって、同音異義語の数が非常に多い。手元の電子辞書（国語辞典）で、「カチョウ」を引いてみればよい。課長、花鳥、可聴……、いったい、どれほど多くの漢語カチョウが登録されているのであろうか。同音語の多さは問題であるが、私たちは高度な抽象語も使わなければならない。その多くが漢語であり、聞き分けに困難を強いられる。

一つの言語では、通常数十個の音素と音節が用意されているが、この有限の要素を駆使して同音語が少ない多数の語彙を作ることができれば、効率性のよい音声の体系であるといえる。

音声言語にとって最も大切な働きは、ある単語を聞いて、別の単語と混同することなく正確に認知できることである。これを**音声の弁別的機能**という。

母音、子音およびそれが合体した音節などの、音声の切片が、規則的に集結して意味を持つ単語を表示する。現代日本語話者が有声のd音（ダ行子音）と無声のt音（タ行子音）の区別を維持しているのは、「台形（daikei）／体形（taikei）」のように有声＝dと無声＝tの対立だけで語の意味が区別され、有益な機能を果たしているからである。「daikei／taikei」のような対立をd／tの**最小対**と呼ぶ。

右の最小対は、d／tの区別の有益性を証明する。最小対を構成する音声の対立は、有意味な音声の区別をなしているという意味で、音韻論的な対立（phonological opposition）と呼ばれて、言語伝達に関与しているとみなされる。いっぽう、たとえ音声の対立があっても語頭のガ行濁音［g］（がっこう）と語中のガ行鼻濁音［ŋ］（かがみ）のような、意味の区別に関係のないものもある。

有坂法則と［o／ö］対立の維持

音声の弁別的機能の有無を確認する手段が、最小対の抽出である。最小対が多ければ多いほど当該の対立は弁別的機能が高く、語の意味の区別に役立っていると評価される。このような最小対（例：対象／代償、対置／大地）が多ければ多いほど機能の高い対立となる。

一言語内のある音声対立の最小対の数を**機能負担量**という。機能負担量が大きければ音声対立の解消への抵抗力が強く、機能負担量が小さければ対立解消への抵抗力が弱いと仮定できる。機能負担量を歴史言語学の考えに適用し、音声変化の原因を探ろうとしたのがフランス人言語学者アンドレ・マルティネ（一九〇八〜九九）である。

奈良時代語のオ列甲乙母音［o／ö］の対立は、平安時代以後解消したが、それは奈良時代以前に対立が解消する事態すなわち機能負担量が小さい状態にあったためではないかと考えられる。そこに関連してくるのが有坂法則である。

有坂法則では、オ列甲類音とオ列乙類音との同一語根内の共存が禁止される（第一則）。ウ列音とオ列乙類音との語根内での共存が禁止される（第二則）。ア列音とオ列乙類音との語根内での共存が禁止される（第三則）。

このような母音配列の規制があると、甲類音［o］と乙類音［ö］は、最小対を極めて構成しにくくなる。［o／ö］が最小対を構成する場所があるとすれば、第二則と第三則にわずかながら存在する例外的環境とイ列音のような中立の音に隣接する環境のみである。また一音節語（根）も最小対を構成する可能性がある。

次に挙げるのは、語根同士が構成する［o／ö］の最小対の例である。ここでは、いまの見込みのとおりの結果が出ている。

① よ甲（夜）／よ乙（代）
② こ甲（籠・児）等／こ乙（此・木）
③ ご甲（五）／ご乙（碁）
④ こ甲ふ（恋ふ）／こ乙ふ（乞ふ）
⑤ こ甲ま（駒）／こ乙ま（狛《こま》）
⑥ こ甲む（浸む）／こ乙む（籠む）
⑦ こ甲ゆ（超ゆ）／こ乙ゆ（臥ゆ）
⑧ しろ甲（白）／しろ乙（代）

⑨　そ甲（麻・十）／そ乙（衣・其）
⑩　そ甲る（隆る）／そ乙る（剃《そ》る）
⑪　と甲（外・門・処）／と乙（跡・十）
⑫　と甲く（着く）／と乙く（解く）
⑬　と甲ふ（問ふ）／と乙ふ（誂《と》ふ）
⑭　と甲む（富む）／と乙む（止む）
⑮　の甲（野）／の乙（箭《の》）

私の調査によれば、有坂法則に関与する［o］［ö］［u］［a］の四母音に関する複合語を含めたすべての最小対の機能負担量は次頁の表のとおりである。［u］と［a］の二つの母音は、法則の第二則と第三則に関与するので、この四母音が関与するすべての最小対を見ておく必要がある。

［o／ö］の機能負担量は、三十一と他と比べて非常に低いことが分かる。この対立は、平安時代以後解消されるが、ここで、有坂法則に関与する四母音のすべての音対立の中で、オ列甲乙の母音対立が最も小さいのであるから、これが原因となって対立が解消されたのだ、と言いたいところである。しかし、ここで少し立ち止まって考える必要がある。［o／ö］対

音対立	o／ö	ö／u	ö／a	o／u	o／a	a／u
機能負担量	31	63	103	65	76	223

立が機能負担量の極小によって解消されたのであれば、奈良時代より前のいつでも、とうの昔に解消されてもよかったのではないか。それが、奈良時代の終わりまで持ち越された理由は何か、小さい機能負担量でありながら、対立が維持された理由は何であろうか。

語の意味の区別にあまり役立たない［o／ö］の区別を維持しようとする最大の要因は、有坂法則の存在である。有坂法則が語根標識の機能を果たしている間は、この対立は解消されない。そのいっぽうで、有坂法則によって［o／ö］対立の機能負担量が抑えられているのである。つまり、有坂法則は、［o／ö］対立の維持と機能負担量の抑圧という矛盾した働きを持っていた。有坂法則は、この矛盾の均衡のうえに成り立っていたのである。

有坂法則の本質は、癖のある母音配列によって語根を標識するという働きにある。その語根の文法的機能が、後述する語の長大化によって失われ、これを標識できなくなったとき、有坂法則は存在意味を失い、そのときに［o／ö］対立は、機能負担量の小ささのゆえに棄《す》てられたのである。

語根を標識するのが有坂法則の機能であるが、これと似た語根標識は他の母音でもある。古代日本語には、「アカ、アラ、サマ、カハ」等のア列音の重複語、「イシ、キ甲ミ甲、シリ」等のイ列音の重複語も多く、これらはオ列乙類音の重複語と同様に基本語彙を成して語根を標識していたと考えられる。

語根が長くなる趨勢

語根というのは、これ以上分割できない最小の文法要素であり、多くが基本語彙である。その内訳は、一音節語（ト〔戸〕、ヨ〔夜〕）か二音節語（ヒト〔人〕、ムロ〔室〕）のような短い単位で、長くても三音節（ココロ〔心〕、ウシロ〔後〕）までであり、三音節、四音節を超えて長大化すると、ほとんどが複合語（カキネ〔垣・根〕、ヤヘガキ〔八・重・垣〕）か派生語（カク→カカル〔掛カル〕、タタク→タタカフ〔戦フ〕）になる。

奈良時代は、短い語から長い語へと、文法的単位の中心が移行しつつあった。この「短い語から長い語へ」という趨勢を最初にとらえたのが馬淵和夫《まぶちかずお》（一九一八～二〇一一）である[7]。

語が長くなるというのは、語が多音節化するということである。これは、古代日本語における情報総量の増大に対応した現象と考えられる。情報総量が増大すれば、語の数を増やさなければならない。奈良時代という社会変動期に漢文が大きな役割を果たして、漢語が増えたことが推測される。

いっぽう、和語の側では、母音の数の多さによって増大する情報量に対応するか、あるいは機能の低い母音を整理して減らす一方で、既存の語を積み重ねるか派生語を産出するかして多音節化することによって対処するかの岐路に立っていた。古代日本語は、後者の道を進んだ。

古代日本語の情報総量の増大がこの時期に生じたことが語の在り方に影響したということであろう。六世紀末から八世紀にかけて、倭国《わこく》を取り巻く国際情勢が緊張して、律令国家へと否応《いやおう》なく急ぐ社会情勢が国全体に満ちていた。

大きな社会変動が言語変化を引き起こすことは、室町時代と明治時代に実例がある。

中世から近世へと移る変革期である室町時代は、民衆の言葉が日本語資料の中心を占めるようになった。仏教由来の漢語が日常語に進出したのをはじめ、古代語の四段活用や下二段、上二段活用動詞が五段化、一段化して現代語化し、形容詞ではシク活用とク活用の区別が失われるなど、述語の形が近現代語に変わった。

また、明治時代は、首都が東京に移り、西洋の自然科学や医学用語を漢語に訳して吸収した。さらに政治・経済・思想・文化・宗教等、あらゆる領域が西洋の影響を受けて、これらの用語も漢語に変換して吸収した。混乱を極めた江戸末期以来の江戸東京方言も明治三十年（一八九七）ころには知的思索を収容できる「東京語」が成立した。このように、大きな社会変動期には、情報総量が増大して言語変化が起こり得るのである。

馬淵によれば、上代以前の古い段階では、語の音節数はおおむね一音節か二音節であった。これが奈良時代では、「ひ甲（日）→ひ・る（昼）」、「ひ乙（火）→ほ・の・ほ（炎）」、「こ甲（子）→こ・ども（子供）」、「こ乙（此）→こ・れ」、「と甲（戸）→み（水）な・と（港）」、「と乙（常）→と・こ」「こ乙と乙（言）→こと・ば（言葉）」のように接頭辞や接尾辞を付けたり、語を複合させたりして音節数を増やす傾向が進んでいた。そのような状況では八母音の微妙な差異によって語の意味を区別する必要性が次第に減少し、整理されて五母音に帰着する態勢が進んでいた。一般的に長い単語ほど丁寧な発音の必要から解放される。微妙な発音の差異は無視される傾向がある。馬淵の認識は、多音節化によって語内における微妙な母音対立の意義が減退することを言い当てている。

有坂法則の及ぶ範囲が語根までであり、馬淵説によれば、多音節化は語根を越えて新しい文法的単位を構成するようになった。そこで、この事態をオ列音で説明すれば、語根の違いを［o］と［ö］の微妙な差によって維持する意味が薄れた。つまり、短い語根を支えてきた有坂法則を維持する意味がなくなったのである。

語根の文法機能を支えた有坂法則は、奈良時代における前代の遺物となった。『古事記』の「モ」の仮名の甲乙の区別の解消は、この法則が退化する趨勢の先駆けであったのである。

第四節　奈良時代語［o／ö］対立の解消過程

上代特殊仮名遣いの違例実態

本節では、具体的に奈良時代語のオ列甲乙［o／ö］の対立がどのような過程を経て崩れ去ったかを考える。

上代特殊仮名遣いにかかわる母音対立の中で、用例数が多いのがオ列音である。これは、k（コ）、g（ゴ）、s（ソ）、z（ゾ）、t（ト）、d（ド）、n（ノ）、m（モ）、y（ヨ）、r（ロ）（「モ」は『古事記』のみ）という多くの子音の直後で露見する対立である。よって、これに関与する単語を数多く観察することができる。

オ列甲乙対立の解消過程は、奈良時代語資料中の特殊仮名遣いの甲乙の違例によって観察できる。上代語資料の大多数は、平安時代以降の写本であるので、特殊仮名遣いの違例は、のちの時代の書写過程における誤写の可能性もある。そのような場合、違例は奈良時代の音声の実態と無関係である。しかし、後述するように上代語資料に見いだされる甲乙の違例の傾向から、これが後世の誤写ではなく、奈良時代に起こった現象である、と考えられる。

奈良時代語を知るうえで最も頼りになる文献資料は『万葉集』である。言語量が多いので

『万葉集』には特殊仮名遣いの違例が比較的多い。違例が奈良時代語の音変化を反映するのか、後代の誤写と見ざるをえないのか、まずその実態を観察、評価する必要がある。そこで、私は上代文献を調査して違例が生ずる語群を抽出した。[8]なお『古事記』と『日本書紀』には特殊仮名遣いの違例は報告されていない。そのほかに調査した文献を次に挙げる。

『万葉集』、『風土記《ふどき》』、『続日本紀』、『歌経標式《かきょうひょうしき》』(以上、写本で伝わる)
正倉院文書《しょうそういんもんじょ》、仏足石歌《ぶっそくせきか》、『新訳華厳経音義私記《しんやくけごんきょうおんぎしき》』(以上、成立当時の原本による)

これらの文献に違例が観察される語すべてを次に挙げる。語形上の甲乙注記は本来の形である。

しこ乙(醜)、しろ甲(白)、しろ乙(代)、しの甲・ぐ(凌ぐ)、しの甲(篠《しの》)、しの甲・ふ(偲ふ)、みの甲(国名)、きよ甲(清)、なのりそ乙(浜藻)、かしこ甲(畏)、ひと乙(人)、ひと乙(一)、のみと甲(喉)、やど甲(宿)、たど乙き(手段)、いさよ甲・ふ(遅ふ)、あど乙も・ふ(率ふ)、はろ甲ばろ甲(遥)、あと甲(跡)、サド甲マロ(人名)、マト甲メ(人名)、ナト乙メ(人名)、くろ甲(黒)、うつろ乙・ふ(移ふ)、まつろ甲・ふ(奉ふ)、たふと甲(貴)、つと甲・む（努む）、むろ甲（室）、ふの乙り（海藻）、かぶと甲（甲）、をと乙こ（男）、ほそ乙き（椒）、こと乙（琴）、ヲソ乙（人名）、そ甲・ふ（添ふ）、よ甲・ぶ（呼ぶ）、こ甲（児）、そ甲（具）、の甲（野）、の乙（助詞）、そ乙（其）、よ甲り（助詞）　以上四十二例

以上が上代文献で特殊仮名遣い（オ列）の違例が生ずる語群である。ここに現れる外形的特徴は、次の三点にまとめられる。

① 全体の四十二例のうち、語根（結合単位）の第二音節以下で生じているものが三十四例と多くを占める。

② 本来甲類であるものが乙類として現れる例が二十七例と多くを占める。

③ 第二音節以下に現れる違例のうち、違例を生ずる直前の音節がイ列音である場合（例：しろ、きよ等）が最も多く十三例、ついでア列音（例：あと、やど等）九例、ウ列音（例：くろ、むろ等）八例で、オ列音が先行する場合（例：をとこ、こと等）が四例と最も少ない。

奈良時代の現象としての違例

右の三ヵ条を検討するに際して、オ列甲乙の奈良時代語における現れ方を見ておきたい。

奈良時代語に現れるオ列音で、甲乙の帰属が判明する単語の全例をカウントした。

私の調査によれば、「こ甲（児）、よ乙（世）」のような単音節語根に現れる甲類音は三十三、乙類音が六十一である。以下同様にして、「こ甲ま（駒）、よ乙もぎ（蓬《よもぎ》）」のような複数音節語根の第一音節では、甲類三十三、乙類百二十八、「はこ甲（箱）、いど乙・む（挑む）」のような複数音節語根の第二音節に立つ甲類は七十三、乙類は百五十三、「かしこ甲（畏）、やしろ乙（社）」等、複数音節語根の第三音節では、甲類十四、乙類四十二、「いちびこ甲（苺）、ふつくろ乙（懐）」等、複数音節語根の第四音節では甲類三、乙類六、となる。

上代文献全体では本来の甲類は百五十六例、本来の乙類は三百九十例確認される。次頁の表を参照されたい。これによれば甲類音の出現は乙類音の半分以下である。この点は留意すべきである。

先に挙げた違例の特徴の第一条について、第一音節は、他のどの位置よりも出現頻度が多いのであるから、それに応じて違例も多く現れるのが確率として自然である。しかし実態は逆でこの位置に生ずる違例は非常に少ない。これは、先の最小対の例を見て分かるように、第一音節の弁別機能が特に高いのでこの位置が注意して発音されたためと考えられる。

	第1音節	第2音節	第3音節	第4音節	合計
甲類	66	73	14	3	156
乙類	189	153	42	6	390
合計	255	226	56	9	

上代文献に現れるオ列甲・乙の例

ついで、違例の特徴の第二条と第三条は密接に関連している。いま一度、違例を生じている語群を見られたい。オ列甲乙の違例に関して、甲類であるものが乙類として生ずる違例が、本来の出現分布に反して多く現れるのをどう考えるのか。奈良時代のオ列音は、乙類音のほうが甲類音よりもはるかに多く現れるのであるから、もともとの分布の多寡に応じて、乙類仮名から生ずる違例のほうがはるかに多く現れなければならない。しかし実態は逆である。少数の甲類仮名から生ずる違例が圧倒的に多い（第二条）。違例が後世に生じた誤写ならば、このような特異な偏りになるはずがない。

さらに第三条が問題である。第三条では、違例が生ずる仮名の直前の音は、イ列音が最も多く（十三）、ついでア列音（九）、ウ列音（八）の順で少なくなり、オ列音に後続する違例は四例と最も少ない。これは、語根内でオ列甲乙の揺れに対する規制力が弱いものから、第三則→第二則→第一則と、次第に規制力が強くなっていく順序を反映している。そしてオ列音に後続するオ列音に最も揺れが生じにくいことも第一則の規制の強さから理解できる。

要するに、奈良時代文献に現れるオ列甲乙の違例は、この母音対立の解消が、最初有坂法則の規制力のないイ列音に後続する位置から始まり、比較的規制の緩いア列音、ついでウ列音に後続する位置に及んで、最後に規制の最も厳しいオ列音に後続する位置で完了したという事態を反映しているのではないか。

ここで、違例が甲から乙への方向（甲→乙）を取る例が圧倒的に多いということが意味を持ってくる。つまり、有坂法則の第二則と第三則に関して、ウ列音（くろ甲、むろ甲等）、ア列音（あと甲、やど甲等）と共存するオ列音は原則として甲類音が現れる。また、第一則に関してオ列音が連続する際には、「こ乙と乙、こ乙ろ乙、そ乙の乙、と乙の乙、こ乙こ乙ろ乙」等を見れば、乙類音が非常に多く現れ、甲類音の出現が極めてまれで、「こ甲こ甲、も甲も甲」の二例のみである。このことは、この位置でのオ列音の基本的な現れは、甲類音ではなく乙類音であったことを表す。つまりオ列甲類音は、有坂第二則と第三則の支えによって存在が担保されている。この上代語の常態が、多音節化の趨勢によって語根標識の機能が劣化する状況に直面した。語根の標識機能が劣化することは、その母音配列を規定する有坂法則の存在意義が減退することを意味する。その際、有坂第二則と第三則の減退は、この規定に支えられて存在していたオ列甲類音が不安定化することを意味する。その結果、貧弱な機能負担量の［o／ö］対立が決壊し、甲類音から乙類音への流出（o→ö）が生じた。それが違例実態の第二条、つまり甲類から乙類への違例が圧倒的に多いという事実に現れている。

奈良時代末から平安時代にかけてのオ列甲乙対立の解消は、乙類音が甲類音を吸収する過程として把握される。その意味で『万葉集』をはじめ、奈良時代文献に見られるオ列甲乙の違例は、後代の書写の際に生じた偶然のエラーではなく奈良時代当時における音変化の実態を反映している。甲から乙への方向で推移したオ列二類母音対立の解消は、有坂法則を貫徹する規制力の弱化過程である。

「乙類音が甲類音を吸収した」と聞くと、奇異な感じを持つ人がいる。要するに正統な「甲類」が、派生的で二次的な「乙類」に吸収されたのは変だというわけである。しかしこれは、日常語の価値基準が干渉した結果で、この疑念は無意味である。すでに述べたように「甲類乙類」の命名者橋本進吉が今の漢字の音読み以外に、何を基準に甲乙に分類したのか、明らかにしていない。乙類音が甲類音を吸収したと考えない限り、上代語［o／ö］対立の統合を合理的に説明することができない。ただし、平安時代はじめに乙類音［ö］が甲類音［o］を吸収したからといって、現代語の［o］が古代語乙類音［ö］の後継母音であるとは断定できない。八世紀末から現代まで千年以上の開きがあり、その間に母音音声自体の曲折があったからである。

第五節　平安時代の「コ」甲乙の例

「コ」の仮名の使い分けはなぜ最後まで残ったか

本章では、上代特殊仮名遣いが奈良時代文献だけに認められ、平安時代以降は消滅したと説明してきた。このことは原則的に間違いないが、一つだけ例外がある。それは、「コ」の甲乙の対立であって、これだけが平安時代初期のころまで区別が残った。したがって、オ列甲乙の対立解消は、「モ」に始まり、「コ」に終わったのである。

なぜ「コ」の二類対立が最後まで残ったのか。これについては、私に見解があって、「コ」は、オ列音の中で出現頻度が最も高く、とりわけ語（根）の第一音節への集中の度合いが大きい(9)。「コ」の二類対立は、オ列の対立の中で相対的に機能負担量が大きかった。これが「コ」の対立を最後まで残存させた要因である。先に挙げたオ列甲乙対立に関する語根の最小対の例を見れば、十五対のうち六対が「コ」の二類対立である。この六対は、第一音節での対立であるから、この最小対の背後に、奈良時代文献の「コ」の仮名の第一音節への集中的分布傾向があったのである。次頁の表は、奈良時代文献で仮名書きで確認されるすべてのオ列甲乙音を対象にして、「コ・ソ・ト・ノ・ヨ・ロ」（濁音も含む）の仮名が語根のど

		第1音節	第2音節	第3音節	第4音節
コ	甲	20	12	3	1
	乙	58	31	4	0
ソ	甲	16	16	3	0
	乙	28	17	2	0
ト	甲	17	17	3	0
	乙	43	42	2	0
ノ	甲	1	7	2	0
	乙	22	17	8	0
ヨ	甲	6	8	3	0
	乙	29	11	3	0
ロ	甲	1	5	3	2
	乙	3	27	21	5

上代の音節別オ列甲・乙の例

の位置に出現しているのかを調べたものである。これによれば、「コ」の仮名の使用頻度が最も高く、しかも第一音節への密集度が大きい。

「コ」の甲乙の区別は平安時代のはじめまで残ったが、平安時代文献で「コ」の二類の区別を残す文献は、次のとおりである。

『皇大神宮《こうたいじんぐう》・止由気宮儀式帳《とゆけぐうぎしきちょう》』（延暦《えんりゃく》二十三年〔八〇四〕）、『古語拾遺《こごしゅうい》』（大同《だいどう》二年〔八〇七〕）、『新撰姓氏録《しんせんしょうじろく》』（弘仁《こうにん》六年〔八一五〕）、『日本霊異記《にほんりょういき》』（弘仁十三年〔八二二〕ころ）、『日本感霊録《にほんかんれいろく》』（承和《じょうわ》十四年〔八四七〕ころ）、『東大寺諷誦文稿《とうだいじふじゅもんこう》』（弘仁年間〔八一〇〜八二四〕ころ）、『尾張国熱田太神《おわりのくにあつただいじん》宮縁起《ぐうえんぎ》』（貞観《じょうがん》十六年〔八七四〕）、『新撰字《しんせんじ》鏡《きょう》』（昌泰《しょうたい》年間〔八九八〜九〇一〕）、『延喜《えんぎ》式《しき》』（延長《えんちょう》五年〔九二七〕）、『琴歌譜《きんかふ》』（天《てん》元《げん》四年〔九八一〕書写）（以上が写本で伝わ

る）、『弥勒上生経賛《みろくじょうしょうきょうさん》』、『西大寺本金光明最勝王経古点《さいだいじほんこんこうみょうさいしょうおうきょうこてん》』（以上の二点は平安時代初期の訓点資料で、加点当時の状態が保存されている）

平安時代の「コ」の仮名の用法

以下、平安時代の特殊仮名遣い「コ」の用例を、『西大寺本金光明最勝王経古点』と『新撰字鏡』を代表資料として挙げる。

『西大寺本金光明最勝王経古点』

お己シ（起《おこし》）、于古キ（動《うごき》）、己ノカタ（以来《このかた》）、己ヽ（此処《ここ》）、彼《かし》己（接尾辞「かしこ」）、斯《そ》己（接尾辞「そこ」）、古キ（滋《こき》）、己ソ（助詞「こそ」）、挙己止久（尽《ことごとく》）、己止（殊《こと》）、止ヽマル己〔ト〕（事《こと》）、古止（事《こと》）、己乃見（好《このみ》）、古万ヤか（壊《こまやか》）、古万太知（濃《こま》だち）、古万ヤキ（壊《こまやき》）、古江（肥《こえ》）、シ己知（嘱《しこち》）、己ロシ（殺《ころし》）、ソ己ヒ（底《そこひ》）、止己止ハ（常《とこ》とは）、トヽ己呆る（滞《とどこおる》）、乃己り（残《のこり》）、呆己（矛《ほこ》）、与己（横《よこ》）、よロ己ヒ（喜《よろこび》）

『新撰字鏡』

阿古江（距《あこえ》）、伊佐古（砂《いさご》）、伊知比古（苺《いちびこ》）、伊佐々古（魦《いささこ》）、於保波古（車前子《おおばこ》）、古久（揃《こく》）、古（児《こ》）、古（小《こ》）、古（濃《こ》）、古（粉《こ》）、古（蠶《こ》）、古加乃木（藪肉桂《こかのき》）、古佐（未詳）、古作女（小雨《こさめ》）、古氏（鏝《こて》）、古奈加支（糝《こなかき》）、古奈田（墾田《こなた》）、古尓須伊（呉茱萸《こにすい》）、古比（鵤鴟《こひ》）、古比（鯉《こい》）、古夫利（鐘《こふり》）、古毛（薀菜《こも》）、古毛太比（小甕《こもたひ》）、古良不（怺《こらう》）、古奈美（前妻《こなみ》）、古夫（媚《こぶ》）、古万介志（壊けし《こま》）、古牟良（腓《こむら》）、古由（肥《こゆ》）、古由（越《こゆ》）、古比面（柔和《こいおも》）、古志良不（誘《こしらう》）、左豆古（杼《さずこ》）、太古（蛸《たこ》）、尓古多（鍬形草《にこた》）、女古牟（恵《めごむ》）、乎止古（男《おとこ》）、須古志（少《すこし》）、伊止古（従父《いとこ》）、毛古（婿《もこ》）、波古（箱《はこ》）、比古（彦《ひこ》）、祢古（猫《ねこ》）、万奈古（眼精《まなこ》）、弥左古（鶚《みさご》）、弥也古（都《みやこ》）、加志古万留（悸《かしこまる》）、阿不止己牟（蹐《あふとこむ》）、阿保己（朸《あほこ》）、伊呂己（鰭《いろこ》）、宇己久（動《うごく》）、己不（瘤《こぶ》）、宇万己保利（圁《うまこほり》）、於己奴不（綴《おこぬふ》）、於己留（傲《おごる》）、久己（枸杞《くこ》）、己佐夫良（栘《こさぶら》）、己之（層《こし》）、己之（鋪《こし》）、己无（鋪《こむ》）、己須支（杴《こすき》）、己須利（錯《こすり》）、己曽木（小樹《こそき》）、己知於母（両舌《こちおも》）、己豆保（木豆《こつほ》）、己天（鏝《こて》）、己保倍留（磊《こほへる》）、己万志（篓《こまし》）、己弥加（樽《こみか》）、己和（声《こわ》）、己止（事《こと》）、己止（殊《こと》）、己曽（助詞「こそ」）、己恵（声《こえ》）、己呂毛（衣《ころも》）、己保利（郡《こおり》）、己々良（如許《ここら》）、己々呂（心《こころ》）、己志支（甑《こしき》）、己志（腰《こし》）、己太不（答《こたう》）、己止比（特牛《ことい》）、己曽久留（撃《こそぐる》）、己乃志呂（鮗《このしろ》）、己波志（堅石《こわし》）、己波志（侄《こわし》）、己乃牟（好《このむ》）、己良（鋅《こら》）、己比（乞《こい》）、己不志（拳《こぶし》）、己（木《こ》）、己（魚名）、己米（米《こめ》）、己毛（菰《こも》）、己毛利（籠《こもり》）、己呂（頃《ころ》）、己止々久（尽《ことごとく》）、志己豆（囑《しこつ》）、須万比己留（力失《すまいこる》）、太己（眵《たこ》）、比呂己留（颺《ひろごる》）、保止去留（播《ほどこる》）、毛保己（莽草《もほこ》）、予己志（髖《よこし》）、予己須（讒《よこす》）、止己呂（処《ところ》）、止己呂（野老《ところ》）、

	第1音節	第2音節	第3音節	第4音節	合計
甲	58	27	19	3	107
乙	108	51	16	3	178

平安時代初期のコの甲・乙の例

伊己不（憩《いこう》）、保己留（誇《ほこる》）、於己曽加（敦《おごそか》）、保己（矛《ほこ》）、保度己須（施《ほどこす》）、曽己奈波留（弊《そこなわる》）、止己（常《とこ》）、止己（床《とこ》）、乃己不（拭《のごう》）、乃己留（残《のこる》）、保己呂比（綻《ほころび》）、予己（横《よこ》）、太不止己留（猖獗《たふとところ》）、乎己自（朧《おこじ》）

平安時代初期に観察される「コ」の二類の仮名の使い分けを保存するすべての実例を、甲・乙と音節序列に分けて上表にまとめた。

上表によると、平安時代はじめの「コ」の仮名の実態は、先に挙げた奈良時代の「コ」の仮名と似た分布を呈している。すなわち、第一音節への密集度が大きい。オ列二類対立が「コ」の仮名に最後まで残ったことには、理由があったのである。

古代語［o／ö］の対立は、奈良時代末から平安時代初頭にかけて最終的に消滅した。これによって、奈良時代語に存在した母音の実態は、音声の区別であるがゆえに平安時代以後の人々の記憶に残らず、万葉仮名の森の中に消えた。

第二章
平安時代語の音色
——聞いた通りに書いた時代

平安時代語（十世紀前半）の音節

あ	い	う	え	お
か	き	く	け	こ
さ	し si	す	せ	そ
た	ち ti	つ tu	て	と
	ぢ di	づ du		
な	に	ぬ	ね	そ
は fa	ひ fi	ふ	へ fe	ほ fo
ま	み	む	め	も
や		ゆ	延 ye	よ
わ	ゐ wi		ゑ we	を wo

＊ハ行音fは、両唇性摩擦音、ア行母音は八世紀から変わらない。

第一節　平仮名、片仮名と表音文字

日本の文字の多様性

最初に次の文例を見られたい。これは、私の身辺で入手した新聞広告である。

知っておきたい新型コロナワクチン接種の基礎知識Q＆A

このような広告文を私たちは、毎日のように見ている。文意もただちに理解することができる。この広告文を見ると、漢字、平仮名、片仮名、ローマ字と、四種類の文字が同じ文脈の中で躍動している。これほど複雑な文字体系は世界に類を見ない日本語の特徴である。日本語を知らない外国人が来日して飛行機を降り、空港周辺に広がる巨大看板に踊るこの種の広告を見て驚くという。ちなみに今朝見た近所のスーパーの広告文を挙げる。

このような世界一複雑な日本語の文字体系は、平安時代に始まった。
まず、手紙を書くなどの日常生活の中で、「以」を「い」、「左」を「さ」のように、万葉仮名を自然に崩して平仮名ができた。いっぽう、漢文を訓読する現場で、「伊」を「イ」、「加」を「カ」のように、送り仮名として使われた万葉仮名の字画を略して片仮名ができた。いずれも平安時代のはじめころと推測されている。九世紀半ば以後には日本の知識人は、漢字漢文、平仮名、片仮名を自由に使いこなしていた。

このうち、片仮名は、漢文訓読の際の訓点の一つであったから、はじめはこれで文章を綴《つづ》るということがなかった。いわば片仮名は、漢文を読み下すための符号であるから、美的鑑賞の対象ではありえず、片仮名は今も書道の教程では存在感が薄い。片仮名は、使う人の個性を消し、聞きなれない外国の人名地名や「サラサラ」「ドスン」などの擬態語擬音語（オノマトペ）に使われるのは、この符号的特徴を保持しているためである。

片仮名が現れた平安時代初期の訓点資料は仏典が多かった。漢文訓読という独特の翻訳法は、仏教界から始まったと考えられている。

平仮名も片仮名も表音文字として万葉仮名より洗練されている。平仮名や片仮名は一音に対してほぼ一字が対応するので、書き手にとっては語の形が安定し、万葉仮名より書記の速度が大幅に改善した。平安時代人は、書きたいと思う動機の成立からそれを文字に転記するまでの速度が速まることによって、奈良時代には存在しなかった物語や日記などの散文が書けるようになった。この点が万葉仮名に対する平仮名の革新的優位性であるといえる。

いっぽうで平仮名は、表音文字としての利便性が増したことから、音声の変化を速やかに文字に反映するようになった。この点は、時代が下っても保守的性格を保った万葉仮名と比べて歴史的音声変化の影響を受けやすいところである。

これは、日本語資料としては都合がよいところもあるが、テクスト本文が変化しやすいという点で、扱いが難しいところが出てくる。平仮名は十世紀以後、『古今和歌集《こきんわかしゅう》』や『土佐《とさ》日記《にっき》』など文芸作品の専用文字の地位を得た。文芸作品の性格上、書写が繰り返され、しかも平仮名ゆえに後代の特徴が混入しやすくテクストの信頼性に問題が出る。そのため平仮名文芸作品は、成立時の古本の形態が残りにくい欠点がある。

したがって、平安時代の音声の実態を伝える文字は、成立当時の原本が残りやすい漢文訓読の様相を伝える訓点資料、経典の文字の意味や音声を記した音義（『法華経音義《ほけきょうおんぎ》』など）、漢和辞書の万葉仮名や片仮名のほうが信頼できる。

このようにして平安時代はじめから前半期にかけての音声の状態は、万葉仮名や片仮名が使われる訓点資料や音義、古辞書に比較的正確に反映している。これらの資料は、記載当時の一次資料が多く残っている。

「ア、イ、ウ、カ」をはじめ万葉仮名の字画を省略した符号であった片仮名は、文章を綴るための文字ではなかった。しかし、平安時代終わりころから仏教説話集、仏教思想、古典注釈書のような知的な文章に漢字交じりの片仮名文が現れてくる。

音便の発生

平安時代はじめの日本語音声の特徴は、各種音便《おんびん》の発生である。音便とは、「音の便宜」のことで、イ音便、ウ音便、撥《はつ》音便、促《そく》音便の四種がある。「書きて（**kakite** かきて）、継ぎて（**tugite** つぎて）、脅かして（**obiyakasite** おびやかして）」等から子音**k**・**g**や**s**が脱落し、「書いて**kaite**、継いで**tuide**、脅かいて**obiyakaite**」などとなるイ音便、「買ひて（**kafite** かひて）、妹（**imofito** いもひと）、香し（**kagufasi** かぐはし）、漸く（**yakuyaku** やくやく）」から子音**f**・**g**・**k**が脱落し、ウ音化して「買うて**kaute**、妹**imouto**、香ばし**kaubasi**、やうやく**yauyaku**」などとなるウ音便、「積みて（**tumite** つみて）、何そ（**naniso** なにそ）」等の**m**・**n**の直後の母音が脱落して「積んで**tumde**、なんぞ**nanzo**」とはねる撥音便、「切りて（**kirite** きりて）、打ちて（**utite** うちて）」などの「リ」、「チ」が音節ごと脱落・無音化し、発音すべ

本来形	イ音便
書きて　kakite 継ぎて　tugite 脅かして　obiyakasite	kaite　書いて tuide　継いで obiyakaite　脅かいて
本来形	**ウ音便**
買ひて　kafite 妹　imofito 香し　kagufasi 漸く　yakuyaku	kaute　買うて imouto　妹 kaubasi　香ばし yauyaku　やうやく
本来形	**撥音便**
積みて　tumite 何そ　naniso	tumde　積んで nanzo　なんぞ
本来形	**促音便**
切りて　kirite 打ちて　utite	kitte　切って utte　打って

き時間だけ沈黙し、「切って kitte」「打って utte」とつまる促音便がある。

音便は、平安時代初期から中ごろにかけて出現し、ほとんどの場合助辞「て（で）」をはじめ、後続する要素に接する位置に生じている。要素間の接続位置に音便が生ずることは、接続の必要があって起こることの徴《しるし》であり、接続後の形態は、文節を形成する長い単位となる。

文節は、日本語の文法上、意味ある単位である。文節は、奈良時代から存在したのではなく、語が長くなった結果、新しい文法的単位として平安時代に成立した。音便はその文節を標識する機能を担って歴史的に登場したのである。

音便は語の多音節化によって生じ、単位の接続部分において要素間の熟合度の標識として出現したという説が有力である。[1]「音便」とは、音の便宜すなわち発音が簡単なほうに流れることである。これはもともと平安時代の密教の一環である悉曇学《しったんがく》の考え方であった。

音便は、語根の多音節化によって生まれた「文節」の存在を標識した。音便が現れる典型的な形態は、動詞、形容詞と助辞「て」の接続部分である。「書きて→書いて、走りて→走って、悲しくて→悲しうて」のように、本体用言と助辞との接続部分に音便が生じたことは、音便が用言と「て」の形態的融合を標識したことを示す。用言と「て」の形態的融合は、従来にない文法単位である。本体動詞や形容詞と後続の助辞が音便によって一つの単位として標識された。語根から文節へという多音節化の趨勢は、次世代の文法的単位を指し示していた。

音便のうち、子音が脱落して母音音節に推移するイ音便とウ音便に対して、撥音便と促音便は、伝統的な和語の音節にない一拍分の無音（促音）や韻尾（撥音）であったため、表記が安定しなかった。「ななり」と書いて「なんなり」、「あなり」と書いて「あんなり」、「なめり」と書いて「なんめり」と読む撥音便、「ととまて」と書いて「とどまって」、「きて」と書いて「きって」と読む促音便のような無表記をはじめ、いろいろな表記が試みられた。これらは、後世の発音からの類推によって撥音便と促音便として推定されている。

伝統的音節構造の変化

伝統的な日本語の音節構造では、語根の内部で母音が連続することを避ける傾向があった。奈良時代語では、「荒（ara）」と「磯（iso）」、「我が（waga）」と「妹（imo）」などが複合するとき、それぞれ「あらいそ（araiso）」ではなく「ありそ（ariso）」、「わがいも（wagaimo）」ではなく「わぎも（wagimo）」と縮約する。どちらも母音連続 ai を避けて i だけに縮めたのである。「わが（waga）」に「家（ipe）」が接して「我が家（wagaipe）」にならず「わぎへ（wagipe）」となり、「高（taka）」に「市（iti）」が接して「たかいち（takaiti）」ではなく「たけ乙ち（takëti）（ë は乙類音）」となるなどのように、前の要素の最後の母音を脱落させたり、母音を変化させたりして、母音が連続することを避けた。このような母音脱落や母音融合も語根同士の形態的融合の標識であるが、奈良時代以前のこのやり方では、伝統的なCV構造（子音＋母音）を壊すことなく処置できた。これらは、いかにも万葉語らしい特徴として知られてきた。しかし、このような縮約形は全体から見れば数が少なく、どちらかといえば一時代前の特徴であった。数少ない特定の連結にだけ、この種の現象が現れるのはそれを示している。

語の複合というのは、奈良時代語でも盛んにおこなわれた。例えば、奈良時代には「こころ（心）」を語根とする複合語（例：こころ・ぐるし、こころ・ざし等）が幾つも見いだされるが、その中には後続要素が母音音節から始まるものもある（こころ・あり、こころ・いたし等）。しかし、これらのいちいちに音縮約は生じない。「こころあり→*こころり」「こころいたし→*こころりたし」「わがいのち→*わぎのち」（*は推定形）にはならないのである。「ありそ（荒磯）」のような縮約はむしろ少ない。

イ音便とウ音便は、子音と母音が単純に並ぶCV音節構造に変化を与えた。助辞「て」などの形式を付属させる条件下において、「書いて（kaite）」のような母音が語根内で連続するCVV構造は、奈良時代語では見ることの少ないものであったが、平安時代の音便の発生によって増加する趨勢になった。単純なCV構造を維持するか、より情報総量の多い、音便を伴う新しい文法的単位（文節）が確立する方向であるCVV構造を許容するかは、日本語史の分かれ道であった。

多音節化の趨勢が大規模化するに伴って単純な音節構造が維持できなくなったのである。語の長大化の結果生じた音便は、文節という長単位の成立の代償として発音の緩みを許す趨勢に沿う現象である。まさに音の便宜、便利である。

反射的、生理的な調音による「ありそ」、「わぎもこ」的な情報処理から新しく大規模な「わがいのち」、「こころあり」的情報処理に取って替わられようとしていた。

奈良時代語では、語の接続による母音連続を排除できなくなっていた。母音の連続は、

「寝る夜落《よお》ちず（nuruyootizu）」「今は漕《こ》ぎいでな（imapakogiidena）」等、自由な接続を許容することに伴う大量の情報処理のために避けることができなくなっていた。語の多音節化の趨勢に合わせて、語根内部の音節構造が変わらざるをえなくなってきたのである。この趨勢が行き着いた先である平安時代語の音色は、奈良時代とは違ったものであった。

平仮名と王朝文芸

語が長くなるということは、語の発音が必然的にルーズになるという代償を伴った。例えば「チュウオウコウロン（中央公論）」という長い単語が実際の会話において几帳面《きちょうめん》に発音されることは少ないのではないか。複数人のくだけた雰囲気の会話で出版が話題になっているときに、「チュオコーロ」という変な発音がたまたま生じても、奇異に感じられることもなく会話が続くだろう。私たちの会話音声の実態とはその程度のもので、訓練されたアナウンサーのような言葉を想定してはならない。文節内のルーズな発音のこのような常態化は、後に述べる十一世紀に生じたハ行転呼音の原因にもなった。

平安時代における平仮名の使用は、私的な書記生活とそれに連続する物語、日記、和歌で発展し、世界に誇る文芸世界を実現した。それは、「か（ka）、さ（sa）、あ（a）、た（ta）」のような一音一字の平仮名世界を開いた。筆記の速度性が万葉仮名から大幅に改善したことによって平仮名散文が実現したのである。優れた表音文字である平仮名は、音便形をはじめとする会話音声をよく反映する。筆記速度の改善は、散文の成立を促すとともに日本文芸の可能性を切り拓いた。古代人は、それまで彼らを取り巻いていた鬱蒼《うっそう》たる万葉仮名の森をついに抜けたのである。

第二節　表音文字の完成形としての平仮名

いろは歌と平仮名文

平仮名を使いこなすことによって、日本語に幾つの音節が存在するのかという想像が進んだ。それを象徴的に表すものが、手習い歌の最高峰である「いろは歌」である。十世紀ころに成立したといわれるいろは歌は、次の詞章から成る。

いろはにほへとちりぬるを　わかよたれそつねならむ　うゐのおくやまけふこえて
あさきゆめみし　ゑひもせす

平安時代の古写本類を見ても、右のいろは四十七字種に加えて四十八番目の平仮名が見つかっていない。「ん」は中世以後現れるので平安時代当時の平仮名ではない。つまりいろは歌は、平安時代のすべての仮名を一回だけ使って詠まれている。しかもそれは、まとまった仏教の教えを表現しているという。

色は匂へど散りぬるを　我が世誰ぞ常ならむ　有為の奥山今日越えて
浅き夢見じ　酔ひもせず

（解釈：すべて形〔色〕あるものは滅び去る。この世の誰が永遠の命を保つというのか。諸行無常・有為転変の真理を説く仏教の奥山に今日分け入って、軽薄な夢を見まいぞ、現実に酔いしれることなく）

素晴らしい出来栄えの手習い歌であるが、これを習う貴族の子どもは、幾日もかけることなく覚えるだろう。いろは歌は、今でこそ「い」と「ゐ」、「お」と「を」のように同じ音の仮名が問題となるが、成立当時は、四十七の仮名にそれぞれ異なる音が対応していた。「ゐ」は［wi］、「ゑ」は［we］、「を」は［wo］の音であった。したがって、手習い歌として重宝されたいろは歌が子どもに教授されるとき、音と文字のセットとして口授された。そしてこれがひとたび記憶されたならば、その瞬間からその子の耳に入る京言葉は、余すところなく平仮名で書き留められ、また自ら発する言葉を余すところなく平仮名で書き留めることができた。十世紀当時、仮名遣いの修得という面倒な稽古《けいこ》などなく、平仮名の文章は、発音のとおりに記されていたのである。「あはれ」は、［afare］、「をかし」は、［wokatsi］と発音されていた。王朝人は、聞いたとおり、発音するとおりに、「あはれ」「をかし」と書いた。

文章をすべて平仮名で記すというのは、平安時代の文芸作品の書式としてはこれで十分である。なぜなら、『古今和歌集』や『土佐日記』、『源氏物語』などの平安時代の古写本は、総平仮名で書いてあり、漢字はほとんど使われないからである。

しかし、高校の教科書や書店で購入する古典文学の本文は、漢字仮名交じりである。あれは、原文ではないのか。残念ながらそれらの漢字仮名交じりの古典作品は、原文とは似て非なる代物である。総平仮名文と漢字交じり文とでは、明らかに後者のほうが読みやすい。漢字仮名交じりの古典文は、日本古典学の創始者藤原定家が始めたテクスト改革の結果、誕生し後世に伝えられたものである。詳しくは次の章で述べる。

総平仮名文の転写力

こうして、平仮名は、洗練された表音文字として十世紀に完成し、以後日本文芸を代表する書式として定着した。いろは歌は、記憶して使いこなすべきすべての平仮名を速やかに修得するためのツールであった。

『枕草子《まくらのそうし》』の「あはれ、をかし」と『源氏物語』の「あはれ、をかし」をはじめ、多くの基本的な和語の綴りが平安時代の古写本において一致するのは、清少納言《せいしょうなごん》や紫式部が共通カリキュラムの学校に通ったからではなく、発音どおりに書いた結果である。紀貫之も在原業平《ありわらのなりひら》も、使う語句の綴りが一致して混乱しないのは、彼らが発音どおりに書いたからである。

また、平安時代の物語や日記における地の文と会話文には、文法の落差も表現の落差もあまりない。平安時代の古写本では地の文も会話文も続けざまに書いてあり、私たちにとっては会話文を探すのに不便である（九六頁参照）。そこで教科書や出版物等では原文にない改行を施し、鉤括弧《かぎかっこ》で会話文をくくってある。親切なことである。読者サービスに意を用いたこのような書式は、現代の口語体（言文一致体）の書式と同じである。例えば現代の小説では、会話文は、鉤括弧等で丁寧に区分けしてあるので、何百年か先の言語学者でも、簡単に会話文を分離できるだろう。

次に示すのは、現代小説の一節である。

昼間、会社に大垣沙織から電話がかかった。瞬時に、嫌な考えが頭をよぎった。

――弟が御迷惑をおかけしているんでしょうか。
挨拶もそこそこに、そう尋ねずにいられなかった。沙織は即座に否定した。
――いいえ、全然。こちらこそお騒がせしちゃって申し訳ないと思ってるんです。
徹信などどうでもいい、と沙織が言ったわけではなかったが、そのような口調だったと明信は思う。

（江國香織『間宮兄弟』小学館文庫、二〇〇七）

右では、会話文が縦線で標識されているが、それを取り巻く地の文とは性質が違っている。地の文は、過去の助動詞「タ」が多用される。いっぽう、会話では丁寧形「デス」や動作の完了を表示する「チャッテ」が使われるなど特有の表現によって地の文と区別することは、標識がなくても出来るだろう。このような地の文と会話文の落差は現代小説には幾らでも観察できる。現代口語文といっても、中身は表現差が認められるのである。将来的にはこの差が言語学の問題となるだろう。

しかし、平安時代の古写本によれば、地の文と会話文は区分けされていない。その必要がなかったからかもしれない。なぜなら、彼らは自らの発音のとおり、話すとおりに物語や日記を書いたからである。この延長線上に和歌もある。平安王朝時代には、表音文字と話し言葉が一致するという素晴らしい関係が実現していた。
平仮名体系が万葉仮名と決定的に違うのは、モチーフから転記までの速度である。例えば、次の和歌を見られたい。

余能奈可波　牟奈之伎母乃等　志流等伎子　伊与余麻須万須　加奈之可利家理
（『万葉集』巻五、七九三、大伴旅人《おおとものたびと》、神亀《じんき》五年）
（釈文）世の中は　空《むな》しきものと　知る時し　いよよますます　かなしかりけり

右の歌は、原表記ではすべて万葉仮名で書かれている。万葉仮名は漢字である。平仮名に比べて漢字を書くのは時間がかかる。仮名の一つ一つを奈良朝歌人は漢字で表記することを強いられる。
古今集歌人なら和歌を丸ごと平仮名で書くのである。

よみひとしらず
よにふれはうさこそまされみよしのゝいはのかけみちふみならしてむ
（伝貫之筆高野切《こうやぎれ》『古今和歌集』巻第十八、九五一）

（釈文）世に経れば　憂さこそまされ　み吉野《よしの》の　岩のかけ道踏みならしてむ

解釈すれば、長く生きていると嫌なことが多くなってくる、いっそのこと吉野山《よしのやま》の険しい岩道を踏んで山に入ってしまいたい、というところであろう。平仮名は、連綿体という文字の続け書きができる。一音に何種類もの万葉仮名が対応する奈良朝の人はこれができない。書き記す速度という点において古今集歌人が有利であるのは明らかである。これが、平安人に散文を書かせる原動力となったはずである。

散文が和歌のような韻文と違うのは、音楽的な特徴が付加しないことである。その点で散文は、人間の日常的思考の在り方に近い。散文は、韻律を付けないぶん、表現量が多く、また感情を喚起する力は弱い。散文は、韻文のような大げさな表現力を欠くが、いっぽうで人の心を打つと感動が長続きする特徴がある。万葉仮名では言語量の多い散文は収容できないと思われる。万葉仮名の森の中から『源氏物語』五十四帖《じょう》が生まれるはずはなかった。

第三節　ハ行転呼音と仮名遣いへの道

平安時代の音変化

しかし、平安文芸における「言文一致」の幸福な関係は長く続かなかった。特に十一世紀後半以後、語中語尾のハ行音「川（かは）、貝（かひ）、問（とふ）、妙（たへ）、顔（かほ）」等がワ行音（わ・ゐ・う・ゑ・を）に推移する地滑り的変化が起こった。それまで「川」をkafaと発音していたのがkawaとなったのである。この現象をハ行転呼音という。十一世紀初頭の資料にハ行音とワ行音が近似した音声として記述された例がある。(2)この音変化は、いろは歌が教える仮名文字の秩序に抵触する。川を「かわ」、顔を「かを」と書き違えるかもしれないからである。

ハ行転呼音が平安時代を境にして起こったのにはいろいろの要因がある。まず、語中語尾のハ行音がワ行音に推移しやすいという予備的原因があった。それは、古代語には語中語尾のワ行音が非常に少なく「粟（あわ）、香（かをる）」等数えるほどで、もともと空白域であったということがある。この空白にハ行音がワ行音化して流入した。古代語において仮に「かわ」「かを」「さわ」のように既存の語があれば、同音異義語を多く生ずるので、ハ行音からワ行音への推移に歯止めが掛かったはずである。しかしそのような語がほとんどなかったので歯止めは掛からず、語中語尾のハ行音は、ワ行音の空白域に吸い込まれた。

それでは、語中語尾のハ行音のワ行音化が奈良時代以前に起こらず、何ゆえ平安時代に起こったのであろうか。この本質的な問いの答えを日本語史の研究者は求めた。[3]それによれば、ハ行転呼音とは要するに母音間の両唇摩擦音Φ（現代語の「フ」の子音）のwへの推移であり、平安時代語の母音間のΦの唇音弱化がハ行転呼音を引き起こしたのだと主張した。奈良時代のハ行音は、すでに述べたように「パ・ピ・プ・ペ・ポ」であったが、平安時代のハ行音はp音からやや両唇の動きが退化して「ファ・フィ・フ・フェ・フォ」のような発音であった。

それでは、母音間のΦの唇音弱化がなぜ平安時代に起こったのか、という問題が残る。これは結局、奈良時代に進行していた語の多音節化に伴うルーズな発音の許容に伴って起こったと考えられる。長くなった文節における発音では、文節内要素の音節ごとのルーズな発音が許される。「あさひ（朝日）」と「あさひだけ（朝日岳）」とでは、いずれの「ひ（日）」がより丁寧な発音が必要であるのか想像できる。「あさひだけ」では「ひ」を「い」と発音しても伝達には影響あるまい。そのようなときに、Φは、自然な会話ではwとして発音されるだろう。そのほうが発音が楽だからである。このような条件と事態が重なってハ行転呼音が引き起こされた。

奈良時代から平安時代にかけて、一つ一つの音変化だけでなく、語の複合（いち・しるし→いちじるし、こひ・ころも→こひごろも、やま・つと→やまづと）、用言の派生（掛く→掛かる、住む→住まふ、語る→語らふ、病む→やまし、巧《たく》む→たくまし、遥《はる》か→遥かなり）等、語彙、文法方面での語の多音節化も進行していた。このような中で、日本語の発音の様相が影響を受けた。古代以前の音節構造が破られて、文節内部の母音連続や撥音、促音のような特殊な拍が出現したことは、従来の日本語の発音習慣を大きく変えるものであった。一音節、一拍を丁寧に発音する時代から、長大化した語の全体を再現する代わりに、緩んだ調音を許容する時代へ転換する流れが生まれていた。

一般的に日本語の場合、一音節や二音節から成る語に比べて、三音節を超える多音節語において、発音傾向が変化するといわれる。明治三十八年（一九〇五）におこなわれた全国各地の方言調査では、三音を超える語の発音傾向に関する報告がある。

（宮城県）県下一般、第一条ノ類ハ「タ、カウ」「ヤシナウ」「ワラウ」ノ如《ごと》ク発音ス。但シ本県ノ北部ニ於テハ「這《は》ふ」「舞ふ」ノ如キ二音ノ動詞ニ限リコノ例ニ発音スレド三音以上ノモノハ「たたこー」「やしのー」「わろー」ノヤウニ発音スルガ普通ナリ

（国語調査委員会『音韻調査報告書』）

日本語では、単語が三音節を超えると発音傾向が変わるのである。奈良時代語母音組織の改変、音便の発生、ハ行転呼音は、従来、古代語の「音韻変化」として個別に叙述されてきた。しかし、それらを根底から規定していたのは奈良時代から一貫する語の多音節化であった。

語、語根の多音節化は、奈良時代語の母音組織の改変（八母音から五母音）の要因であった。各種音便も語根が助辞「て」や他の付属形式と接するところに生じていた。奈良時代語母音組織の改変、音便の発生、ハ行転呼音と、奈良時代から平安時代にかけて起こった一連の音変化のすべてに、語の多音節化がかかわっていたのである。

「い・ゐ」、「え・ゑ」、「お・を」の音合流

ハ行転呼音は、平安時代末期の文芸作品の語の綴りを混乱させた。いっぽう、これに先立つ奈良時代語母音の改変は、万葉仮名の森の中では、混乱を生まなかった。それは、奈良時代の仮名は、一音に一字だけが対応していたわけではなかったからである。仮名綴りの混乱の自覚は、一音多字ではなく、音と字の対応が一定し、語が決まった字順で表示されるとい

う平仮名体系があったからこそ起こったのである。ハ行転呼音は、平仮名を代表するいろは歌による綴りの習慣に抵触した。

平安時代では、ハ行転呼音と並行して、ほかにもいろは歌の体系に触れる音変化が進行していた。すなわち「い（i）」と「ゐ（wi）」が合流してiに、「え（ye）」と「ゑ（we）」が合流してye（イェ）に、「お（o）」と「を（wo）」が合流してwo（ウォ）に帰した現象である。なぜ、このようなことが分かるのかといえば、「以→い」、「為→ゐ」、「衣→え」、「恵→ゑ」、「於→お」、「袁→を」の字体の移行で平仮名ができたので、もとの万葉仮名の音声によってそれぞれの平仮名の音声が推測されるのである。

「ゐ・ゑ・を」の源である「為・恵・袁」は、推定される隋唐中古音にwを含んでいる。このことから、「ゐ・ゑ・を」は、五十音図でいえばワ行仮名と考えられる。これらが平安時代後期にア行仮名「い・え・お」と合流した。その結果、この時期に仮名文芸の規範である仮名遣いの問題が起こった。仮名遣い問題は、次の章で詳しく説明する。

これらの音変化の帰趨《きすう》は、室町時代に来日したポルトガル人宣教師が記録したローマ字表記の日本語によって知ることができる。宣教師たちは、日本語学習のために、日本語教材、ラテン式日本文法書、日本語辞書を編纂した。これらをキリシタン資料と呼ぶ。ローマ字で表記されている十六世紀の日本語は、当時の音声を再現するための有力な資料である。

平安時代以前には違う音声であった「い（i）・ゐ（wi）」が『日葡《にっぽ》辞書』（一六〇三年、長崎学林）では、Icani（如何《いか》に）、Inoxixi（ゐのしし）がどちらも同じIで表される。「え（e）・ゑ（we）」もYeru（選《える》）、Coye（声《こゑ》）ともにyeで表記される。また「お（o）・を（wo）」ともに、Vosu（押《お》す）、Votoco（男《をとこ》）のようにvo（現代のローマ字表記ではuo）で表記されて区別がない。したがって、平安時代に区別されていた「い・ゐ」「え・ゑ」「お・を」は、室町時代語では、音の区別を失っていたと考えられる。

「延」の消失

ここで少し時代をさかのぼって、平安時代中ごろの「え」の推定古音がeではなくyeであった可能性について説明したい。実は、いろは歌が成立する前の九世紀ころの日本語には、ヤ行の「延（ye）」というべき失われた音節があった。yesterdayのyeのような音であったと考えられる。これは、「入り江」「聞こえ」「えだ（枝）」等の「え」の古音であるが、十世紀前半に消失した。ヤ行「延」は平仮名にならなかったので、消失後はア行「え（e）」がyeを吸収したと考えられる。しかし、いろは歌の「けふこえて」の「え」は、ヤ行下二段動詞「越ゆ」の連用形であるから本来はヤ行「延」であり、万葉仮名「延」の消滅後は、ア行「え」の音がyeであったようにも見える。いわばア行「え」の音がyeに交替したかのようである。

「え」の実際の発音が e であったか ye であったかは厳密には分かっていない。単独母音「え」の発音の再建は、想像以上に難しい。現代語でも「えき（駅）」「ほほえみ（笑）」など、ア行「え（e）」を発音するつもりでも、具体的な場面で音声を発する際、無意識で生理的に生ずる半母音［y］が聞こえることがある。これは日本語共同体では意識されていない。私たちが「円」を en のつもりで発音しても外国人には yen としか聞こえないようなものである。ポルトガル人宣教師が「え・ゑ」ともに ye と表記するのは、発音をくっきり再現した い立場からの措置であろう。

ハ行子音の行く末

十世紀はじめの『古今和歌集』のジャンルに「誹諧歌《はいかいか》」（巻十九）というものがある。滑稽《こっけい》味を含んだ遊戯の歌である。この誹諧歌に次のような歌が採用されている。

題しらず　　読み人知らず

梅の花見にこそ来つれ鶯《うぐいす》のひとくひとくと厭《いと》ひしもをる　（一〇一一）

（解釈）私は、梅（恋人？）だけを見に来たのに、鶯がひとくひとく（人が来る人が来る）と私のことを嫌がっているよ

ここで面白いのは「ひとく（人来）」を当時の推定音声で読めば、pitoku あるいは fitoku と小鳥の鳴き声を連想させる表現（現代語のピーチク）になるので、諧謔《かいぎゃく》の効果が上がるというわけである。

『日葡辞書』をはじめ、キリシタン資料では、「Fato（鳩）、Ficari（光）」等、ハ行子音は、fで表記されるのも、当時のハ行音が両唇摩擦音であったことを推測させる。平安時代から室町時代までの日本語資料が、ハ行音を両唇音として記載していることからこのことが分かる。

ハ行子音がいつごろまで両唇摩擦音であったのか。これは、おそらく十八世紀前半ころまでというのが大方の理解である。謡曲の教本である『音曲玉淵集《おんぎょくぎょくえんしゅう》』（三浦庚妥《みうらつぐやす》、一七二七年、江戸）には次のように記されている。

は	ひ	ふ	へ	ほ
フハ	フヒ		フヘ	フホ

右の「フハ　フヒ」等の注記は、両唇の摩擦音Φ（f）を示唆している。「ふ」についてでは現代語でも平安時代以来のΦであるので、あえて注していない。さらにいえば謡曲の教本でこのような注記が必要であったことは、当時の日常語では、現代語と同じh音に帰していたからと考えられる。

古代語ハ行子音の、p→Φ→hの長い旅が、ようやく終着点を迎えた。

鎌倉時代から室町時代までの間に、京都語では、「い・ゐ」「え・ゑ」「お・を」の音声がそれぞれ同音に帰していた。これに加えて語中語尾のハ行音のワ行音化というハ行転呼音が絡んで仮名綴りの混乱が平仮名文芸の表記秩序に及んできた。ここに至って平仮名と密接にかかわって歩んできた王朝古典文芸の教養の維持に深刻な危機が生じた。この危機に対処して王朝文芸の標準的書式を整えて後世に伝えたのが、藤原定家であった。

第三章
鎌倉時代ルネサンスと仮名遣い
――藤原定家と古典文学

鎌倉時代（十二世紀）の音節

あ	い	う	え ye	（wo）
か	き	く	け	こ
さ	し	す	せ	そ
た	ち ti	つ tu	て	と
な	に	ぬ	ね	の
は fa	ひ fi	ふ fu	へ fe	ほ fo
ま	み	む	め	も
や		ゆ	（ye）	よ
ら	り	る	れ	ろ
わ	（i）		（ye）	を wo

第一節　藤原定家の仮名遣い

平安文芸の古写本

次に挙げるのは、『源氏物語』の「関屋《せきや》」の一節である。主人公光源氏《ひかるげんじ》が昔の恋人空蟬《うつせみ》と逢坂《おうさか》の関で偶然再会する場面である。はじめの文章は、平安時代の古写本の一つである『源氏物語絵巻』（徳川《とくがわ》美術館蔵）、二番目の文章は、鎌倉時代の藤原定家が書写校訂した定家本《ていかぼん》の系統である大島本《おおしまぼん》をもとにした現代人向けの『日本古典文学全集』（小学館）である。言葉が多少異なるが同じ文章である。両者を比べてどちらが理解しやすいか、感じてほしい。

『源氏物語絵巻』

九月のつこもり
なれは紅葉のいろ〳〵こきませし
もかれのくさむら〳〵にをかしく

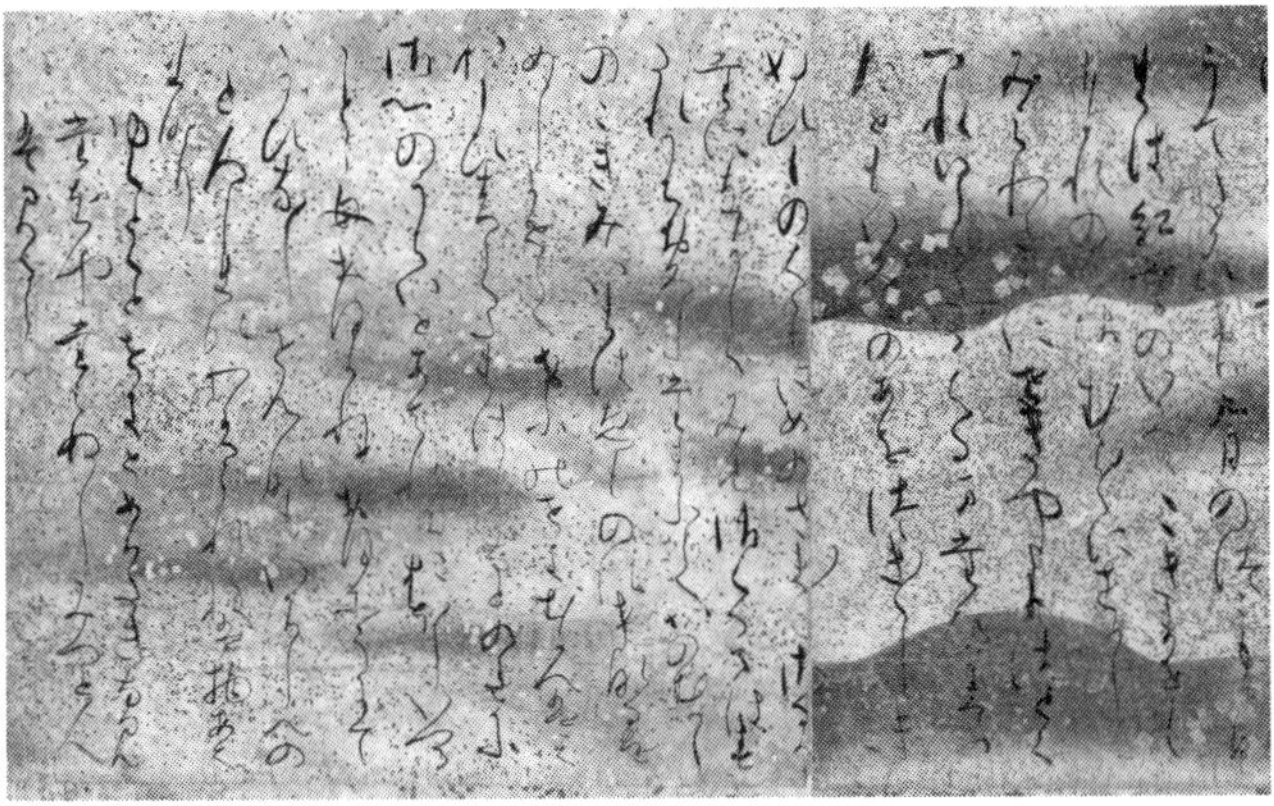

『源氏物語絵巻』「関屋」（部分）（徳川美術館蔵、© 徳川美術館イメージアーカイブ /DNP artcom）

みえわたるにせきやよりさとく
つれいてたるくるまたひすか
たともいろ〳〵のあをつき〳〵しき
ぬひものくゝりそめのさま〳〵さるか
たにをかしくみゆ御くるまはす
たれうちおろしたまふてかのむかし
のこきみいまはゑものすけなるを
めしよせてけふのせきむかへはえ
おもひすてたまはしなとのたまふ
御心のうちいとあはれにおほしいつる
ことゝもおほかれとおほそうにて
かひなしをむなもいにしへの
こと人しれすわすられねは物あは
れなり

　ゆくとくとせきとめかたきなみ
たをやたえぬしみつと人

はみるらむ

『日本古典文学全集』

九月晦日《ながつごもり》なれば、紅葉《もみぢ》の色々こきまぜ、霜枯《しもがれ》の草、むらむらをかしう見えわたるに、関屋よりさとくづれ出でたる旅姿どもの、いろいろの襖《あを》のつきづきしき縫《ぬ》ひ物、括《くく》り染めのさまも、さる方にをかしう見ゆ。御車は簾《すだれ》おろしたまひて、かの昔の小君、今は右衛《ゑ》門佐《もんのすけ》なるを召し寄せて、源氏「今日の御関迎へは、え思ひ棄てたまはじ」などのたまふ。御心の中いとあはれに思し出づる事多かれど、おほぞうにてかひなし。女も、人知れず昔の事忘れねば、とり返してものあはれなり。

空蝉 行くと来とせきとめがたき涙をや絶えぬ清水と人は見るらむ

え知りたまはじかし、と思ふに、いとかひなし。

どちらの文章が分かりやすいか、答えは自明であろう。『源氏物語絵巻』は、ほぼ総平仮名。濁点・句点・読点なし。会話を示す印なし。改行の切れ目は、意味や文脈にお構いなしのぎゅうぎゅう詰めである。このぎゅうぎゅう詰めが平安時代の平仮名文芸作品の古本、古写本の普通の姿であり、原典に近いことに疑いの余地はない。

平安時代に仮名文芸に親しんだ人たちは、『源氏物語絵巻』のような姿のテクストに常に接していた。しかし、第二章で述べたように、ハ行転呼音と「い・ゐ」「え・ゑ」「お・を」の合流によって表記の混乱を引き起こすような音変化を経験した鎌倉時代の人々は、私たち現代人と同じく『源氏物語絵巻』のようなテクストを読みこなすにはかなりの苦痛を伴ったと思われる。

これに対して、『日本古典文学全集』の文章は、適宜、漢字を配置し、句点、読点を細かく施し、会話を括弧で括り、さらには話し手まで示してくれている。まさに至れり尽くせり、かゆいところに手の届くサービスぶりである。だが、平安時代の文章は、日常の公的実務では漢文、私的な手紙や文芸作品は総平仮名文であり、『日本古典文学全集』のような便利な漢字平仮名交じり文は存在しなかった。

現代人が接している古典文は、教科書から、入試、書店で販売される作品に至るまで、『日本古典文学全集』と同じような体裁である。たまに「僕は源氏を全部原文で読んだ」と言って自慢する人がいるが、書店で売られているようなテクストが果たして「原文」といえるのかどうか、国文学者に聞きたいくらいである。

歴史的音変化と文法変化を経た鎌倉時代の人々もまた、いま私たちが直面したような平安時代の古本、古写本を理解することの困難に直面していた。鎌倉時代の京の人々は、もはや自らの話し言葉を拠《よ》りどころにしては、平安時代の和歌や文章が理解できない危機にあった。

この状況に最も敏感に反応したのが藤原定家（一一六二〜一二四一）という歌人である。定家が文学の危機にどう対処したのか、本章ではこのことを明らかにする。

『下官集』「嫌文字事」

日本語研究は、鎌倉時代の日本古典の解釈と注釈に始まる。解釈と注釈の対象は、『古今和歌集』、『伊勢物語《いせものがたり》』、『源氏物語』等の平安時代の文芸作品である。

文芸作品に対する解釈が始まったことを示す文献が、藤原定家『下官集《げかんしゅう》』である。『下官集』は、古典古文を書き記す際の留意事項を記したものである。その第二条「嫌文字事《もじをきらうこと》」は、後世に伝えるにふさわしい語の仮名綴りの例を、古典本文を整備する規範として示したものである。「文字を嫌う」とは、定家にとってあるべき語の綴りに外れた仮名使用のことを指すものであろう。

定家がこのような問題を自覚した要因には、王朝風の和歌や文章制作の際に生ずる語の綴りの混乱があった。定家の時代の人々は、自らの発音をもとにして王朝古典の綴りを再現できなくなっていた。その原因は、先に述べたいろは歌の根幹に触れる歴史的音変化であった。むろん、定家にとっては、音声の歴史的変化があったことは知らないことであり、綴りの混乱だけが現実の問題であった。

『下官集』「嫌文字事」は、いわゆる「仮名遣い」（一〇七頁参照）を扱った条目であるが、定家はこの混乱への対策を講じたのである。

「嫌文字事」の内容について次に紹介したい。「嫌文字事」において、定家は次のようなコメントを掲げている。原文と解釈を挙げる。

一　嫌文字事

他人惣不然、又先達強無此事、只愚意分別之極僻事也、親疎老少一人無同心之人、尤可謂道理、況亦当世之人所書文字之狼藉、過于古人之所用来、心中恨之

（解釈）

他人は総じてこのようなことをしていない。これを意図して実践した先達《せんだつ》の例もない。これはただ私自身の愚意の判断による僻案《へきあん》の極みである。周囲の親疎老少は一人としてこれに賛同する者もない。これも道理であろう。まして当世の人の書く文字使用の狼藉《ろうぜき》ぶりはいうまでもない。古人の用例にさえ誤ることがあるのは心中遺憾とするところで

ある。

それについで、「緒之音」、「尾之音」を標目し、「を（緒）」と書くべき語、「お（尾）」と書くべき語についてそれぞれ数語ずつ例を挙げる。さらに「え」と「へ」と「ゑ」、「ひ」と「ゐ」と「い」について、同じように数語ずつ範例を挙げる。以下のとおりである。

を

緒之音　をちりぬるを書之（「ちりぬるを」の「を」を書く）仍欲用之（よってこの字を用いたい）

をみなへし　をとは山　をくら山　たまのを（玉の緒）　をさゝ（小笹）　をたへのはし（緒絶えの橋か）　をくつゆ（置く露）

てにをはの詞のをの字

お

尾之音　おうゐの奥山書之故也（「うゐの奥山」の「お」を書く所以《ゆえん》である）

おく山　おほかた　おもふ　おしむ　おとろく　おきのは　おのへのまつ　花をおる　時おりふし

え

え　枝　むめかえ（梅が枝）　まつかえ　たちえ　ほつえ　しつえ
江　笛《ふえ》　断《たえ》　消《きえ》　越《こえ》　きこえ
見え　風さえて　かえての木　えやはいふきの
（注：「え」の項の上方欄外に「近代人多ふゐとかく〔近年の人は多く「ふゐ［笛］」と書くのは間違いである〕」の書き入れがある。諸本にも同じ記述があるので、定家自筆本に存在したものであろう）

へ

うへのきぬ（上の衣）　不堪《たへす》　しろたへ　うへをく（植置く）　としをへて　まへうしろ
ことのゆへ　栢《かへ》　やへさくら　けふこゝのへに　さなへ　とへ　こたへ　おもへは

ゐ

ゐ　すゐ　ゆくゐ　こゐ（声）　こすゐ（梢）
絵　衛士　ゐのこ（小犬）　詠《ゐい》朗詠　産穢《ゐ》　垣下座《ゐむかのさ》
ものゐむし（怨）怨

ひ

ひ

こひ　おもひ　かひもなく　いひしらぬ　あひみぬ　まひゝと　うひこと　おひぬれは

おいぬれは又常事也（「おいぬれは」と書くのは常態である）

いさよひの月　但此字歌之秀句之時皆通用（ひは、歌の秀句や掛詞《かけことば》では皆通じて用いられる）

ゐ

藍《あゐ》　つゐに遂にいろにそいてぬへき　池のいゐ

よゐのまよひ又常事也通用也（いゐひは常に通用している）

い

い　にしのたい　鏡たい（鏡台）　天かい

右事ハ非師説、只発自愚意、見旧草子了見之

ここで定家は、例えば「女郎花《おみなえし》」は、必ず「をみなへし」、「奥山」は、必ず「おくやま」

と書かなければならないと述べているのである。現代では当たり前の、語の綴りの固定的表記を主張している。なぜなら当時は、必ずしもそうではなかったからである。『下官集』を書いた定家の目的は、王朝文芸の書写と伝承のための表記規範を提案することである。「嫌文字事」という規範が生まれる前提として、当時の人々に刷り込まれたいろは歌があった。そのことは、「嫌文字事」の「緒之音」傍線部に「ちりぬるを書之」、「尾之音」傍線部に「うゐの奥山書之故也」とあり、「を」と「お」がいろは四十七字の項目とされていることから分かる。「を」「お」等をめぐる綴りの混乱が生起する前には、いろは四十七字の仮名が安定して使い分けられていたという認識が定家にはあった。いろは歌の秩序認識から「嫌文字事」が浮かび上がってきたのである。

四十七字の使い分けと仮名遣い

平安時代では、いろは歌四十七字の枠内で、発音に従って歌文の制作がおこなわれた。平安王朝文芸の表記は、原則的に総平仮名であり、漢語はほとんど使われない。そのことは、文芸作品の古写本が総平仮名で書かれていることから知られる。しかし、定家の時代は、平仮名と音声が一致する幸福な関係が崩壊に瀕《ひん》していた。

このような中で、「嫌文字事」は王朝風仮名綴りに到達するための訓練の指針となったはずである。以来、『下官集』は、古典テクスト再建のための稽古の手本となった。

ところで、「嫌文字事」のうち「を」と「お」については、「緒之音」「尾之音」として、他の「え」「へ」以下の平仮名だけの標目とは一線を画している。ちなみに「緒」「尾」は、万葉仮名に似ているが違う。「緒」「尾」ともに万葉仮名ではヮ行「乎」類の仮名である。「某之音」という標立ては、「を」「お」の別が当時の実際のアクセントの違いによるものであり、その他の「え」「へ」以下の使い分けは文字上の使い分けということであろう。「を」「お」は、ともに wo で発音自体に違いがなく、この使い分けは、「を」が当時のアクセントにおける高く平らな音調、「お」は低く平らな音調に基づいたものである。これを『類聚名《るいじゅみょう》義抄《ぎしょう》』や『色葉《いろは》字類抄《じるいしょう》』のようなアクセント資料によって論証したのが大野晋である[1]。「嫌文字事」最後の行、「右事ハ」以下のコメントは従来から注目されてきた。なかでも「旧草子」とは、平安時代の古写本と考えられる。定家によれば、「以上に挙げた綴りの提案は、自らの愚見に発したもので、旧草子を見て検証、了見したものである」という。そこで、定家が挙げた語例は（アクセントの高低差に基づく「を」「お」を除いて）旧草子に根拠があることになる。「お」と「を」の使い分けは、語彙の数が多く、限られた旧草子では基準が定まらなかったのであろう。そこで、定家は、「を」と「お」の使い分けに関しては旧草子によらず、アクセントの高低によって基準を立てたのである。

おおむね以上が「嫌文字事」をめぐる定家の仮名遣い認識とされるものである。なお「仮名遣い」というと、通常、「仮名の使用法」というような意味で用いられるが、日本語学史における仮名遣いの定義はより限定的で、「同じ音に対して二つ以上の書き方があったり、又は、十分適当な書き方がない場合に限って、いかなる仮名を用いるか」（橋本進吉「仮名遣について」『文字及び仮名遣の研究』岩波書店所収）という規範を指している。

要するに仮名遣いとは、語の表記に際して一音に仮名が複数対応するような場合に、どの仮名を選択すべきかに関する基準である。例えば **watashiwa**（わたしは）という発音を、最初の **wa** は「わ」、終わりの **wa** は「は」と書かなければならないというのが仮名遣いである。

発音と表記にこのようなずれが存在するのは合理的ではないが、文節という文の要素の存在を示すには有効に機能している側面がある。例えば、

私は会社へ忘れ物を取りに帰った。

という文の表記では、「は」「へ」「を」という「変な」仮名の用法は、文節の境界を示すことによって文理解の速度を上げるだろう。この場合、徹底した表音用法では果たせない文法上の役割を果たしている。何もかも表音的に表せばよいというものではない。表音文字体系

には、文意の理解を補強するためにこのような不合理をあえて残すことがある。このように部分的に発音と表記が一致しなくても、少し学習すれば問題にならない。しかし、戦前の旧仮名遣いのような過重な学習の負担は、表記体系への信頼を損ない、「仮名遣い改定問題」のような、国論を二分する揉《も》め事《ごと》を引き起こしかねない(2)。

第二節　定家の表記改革——漢字仮名交じり文の創始

古典文学の表記の変遷

いろは歌に代表される平仮名の体系は、歴史的音変化の結果、動揺した。鎌倉時代の人が接した平安時代の王朝文芸の古写本は、本章冒頭に掲げた『源氏物語絵巻』のように、総平仮名を詰め込んだようなメリハリのない書面であった。

次に挙げるのは、『古今和歌集』の編者である紀貫之自筆と伝えられる『古今和歌集高野切』巻一、春歌上（五島《ごとう》美術館蔵）の冒頭部分である。

ふるとしにはるたちける日よめる
　　ありはらのもとかた

としのうちにはるはきにけりひとゝ
せをこそとやいはむことしとやいはむ
はるのたちけるひよめる
きのつらゆき
そてひちてむすひしみつのこほれる
をはるたつけふのかせやとくらむ
たいしらす
よみひとしらす
（以下略）

『高野切』の体裁はほぼ総平仮名で、語や文節の途中で改行する（ひとゝ／せ、こほれる／を）など、無頓着である。

次は、『古今和歌集』最古の通巻写本である、元永《げんえい》三年（一一二〇）、藤原定実《さだざね》写本の冒頭部分である。歌人名や基本的な語が詞書《ことばがき》では漢字で記されるが、和歌は総仮名表記で全巻貫徹している。

ふるとしに春の立ける日
在原元方《もとかた》
としのうちにはるはきにけり
ひとゝせをこそとやいはむこと
しとやいはむ

はるたちける日よめる
紀貫之
そてひちてむすひしみつのこ
ほれるをはるたつけふのかせや
とくらむ

不知題
読人不知

次は、藤原定家が書写した嘉禄《かろく》二年本（一二二六）の『古今和歌集』の該当部分の翻刻である。

ふるとしに春たちける日よめる
在原元方
年の内に春はきにけりひとゝせをこそとやいはむことしとやいはむ
はるたちける日よめる
紀貫之
袖ひちてむすひし水のこほれるを春立けふの風やとくらむ
題しらす　よみ人しらす

定家本では、和歌の表記に漢字がかなり混入していることが分かる。総仮名表記で一貫する元永本や伝貫之筆の『高野切』が原典に近く、定家写本は何らかの意図を持って改変を施していると考えられる。

漢字仮名交じりの古典文学

次は、『古今和歌集』からほぼ五十年後（九五一年）に勅撰《ちょくせん》された『後撰和歌集《ごせんわかしゅう》』の天福《てんぷく》二年（一二三四）定家写本の巻一、春上の冒頭部分である。

春上

正月一日二条のきさいの宮にてしろきおほうちきをたまはりて　　藤原敏行朝臣《ふじわらのとしゆきあそん》

ふる雪のみのしろ衣うちきつゝ春きにけりとおどろかれぬる

はる立日よめる　　凡河内躬恒《おおしこうちのみつね》

春立ときゝつるからにかすか山消あへぬ雪の花と見ゆらん

兼盛王《かねもりおう》

けふよりは荻《おぎ》のやけ原かきわけて若菜つみにと誰をさそはむ

『後撰和歌集』においては、歌人名と和歌の所々に、漢字が配されている。定家写本『古今和歌集』と同じ様相である。和歌の所々に漢字を配置するという勅撰集の書写に関する定家の方針を推測しうるのである。

物語や日記文芸等の散文における漢字使用と和歌のそれとの違いは、和歌における漢字が「雪」「春」「袖《そで》」等の訓読み漢字に限られることである。和歌に音読みの漢語は現れない。したがって定家が和歌に漢字を混入する目的は、仮名遣いによる表語機能と漢字の表語機能とを併せて実現し、歌意の理解を容易にするためである。

これらのテクストに目を通せば、定家と同じく歴史的音変化を経ている私たち現代人にとって、いずれの写本が語と歌意の認知、掌握に便利かは自明である。漢字仮名交じり表記は、読み手にとって語の認知と歌意の速やかな理解を助けるのである。

中世の和歌表記は、総仮名から漢字交じりへと大きく移行する。おそらくその要《かなめ》に定家が位置している。

鎌倉時代の後半から歌人たちが自作の和歌を短冊にしたためることが起こった。創始者は二条為世《にじょうためよ》（一二三八年没）といわれている（尭憲《ぎょうけん》『和歌深秘抄《わかしんぴしょう》』一四九三年成立）。今日残存する和歌短冊は、私の見る限り、すべて漢字仮名交じりの書体である。

例えば次のごとくである。(3)

月前薄《げつぜんのすすき》（中院通氏《なかのいんみちうじ》）

これも又そてとふ月のならひそと
みれはお花の色そ露けき　通氏

羇中梅《きちゅうのうめ》（東常縁《とうのつねより》）

心ある友としゆけはひさかたの
天のはしたて都なりけり　常縁

夢中郭公《むちゅうほととぎす》（冷泉政為《れいぜいまさため》）
後も又夢をやまたむねぬ夜をは
いたつらになす山ほとゝきす　政為

山家《さんか》（三条西実隆《さんじょうにしさねたか》）
ひるもとぢよるもさゝでや柴《しば》の戸は
たゝ出入のあるにまかせむ　尭空《ぎょうくう》

短冊の和歌は、歌人の創作歌であり古歌に典拠がないので、歌意の理解のしやすさが重要となる。漢字仮名交じりはそのための方策である。

定家は、散文の書写においても、総仮名の古本に対して漢字の使用を増やしたと考えられる。平安時代の古本、古写本が総平仮名であるのは、和歌だけではなく散文も同じであることは、本章冒頭の『源氏物語絵巻』「関屋」で見たとおりである。次に挙げるのは、同じ

『源氏物語』の古写本の一つである『源氏物語絵巻』（五島美術館蔵、平安時代後期写）「夕《ゆう》霧《ぎり》」の部分である。

ゆふきり

ひるのおましにうちふしたまへる
にこの御かへりもてまいれるかれ
いにもあらすととりのあとのや
うなれはとみにもえみときた
まはぬにへたてたるやうなれと
いとゝくみつけてはゐよりてうし
ろよりとりたまひつあさましく
てこはいかにしたまへるわさそ
あなけしからす六条のひむかし
のうへの御ふみなりけさかせお
こりてなやましけにしたまへ
るを院のおまへにはへりつるほと

にまたもかへりまいらなりぬるい
とほしさいまのほといかゝときこ
えつるなり　（以下略）

右のようなテクストは、大規模な音変化を遂げた後の鎌倉時代人にとっては、語の認知と文意の理解のために時間が掛かるのではないか。定家の時代には総仮名の古本を漢字交じりで改定、補助しなければならなかったのである。「夕霧」の該当部分は、定家本である青表《あおびょう》紙本《しぼん》系統の善本といわれる大島本では次のようになる。

わかひるのおましにふし給へりよひすくる
ほとにそこの御返りもてまい
れるをかくれいにもあらぬとりのあとのやう
なれはとみにも見とき給はて御となふらちかう
とりよせてみ給ふ女君ものへたてたるやうな
れどいとゝく見つけ給うてはひよりて御うしろ
よりとりたまうつあさましうこはいかに

し給ふぞあなけしからす六条のひむかしの
うへの御ふみなりけさ風おこりてなやまし
けにし給へるを院のおまへにはへりていてつるほとまたもまうてす
るほと　（以下略）

文中の所々に漢字が配されており、絵巻等の古写本の総仮名の様相と比べてこの配置が意識的になされているのは明らかである。『源氏物語』は、原本である紫式部自筆本が存在したはずであるが、もはや現存しない原本の姿は私たちの想像を越えるものである。漢字仮名交じり表記は、総仮名表記の古写本に対してそれ自体が注釈となっている。総仮名の古本に対して漢字を増加する目的は、文意の理解に対する補強である。

古写本の一つである『源氏物語絵巻』から大島本への実態の変遷を見ると、「うちふしたまへるに（一行目）」が「おましにふし給へり」に、「もてまいれるかれいにもあらす（二行目、三行目）」が「もてまいれるをかくれいにもあらぬ（二行目、三行目）」になるなど、万葉仮名テクストの安定性に比べて、平仮名テクストの変わりやすさが目立っている。

次は、定家書写天福二年本『伊勢物語』五十段である。

昔おとこ有けりうらむる人をうらみて
鳥の子をとをつゝとをはかさぬとも
おもはぬ人をおもふものかは
といへりけれは
あさつゆはきえのこりてもありぬへし
たれかこの世をたのみはつへき
又おとこ
吹風にこその桜はちらすとも
あなたのみかた人の心は
又女返し
ゆく水にかすかくよりもはかなきは
おもはぬ人を思ふなりけり
（以下略）

これも文中の各所に漢字が配されるのは、青表紙本「夕霧」と同様であるが、和歌に漢字を交えるのは平安時代のテクストにはない特徴である。原本の『伊勢物語』の体裁が不明であるので、定家がどのようにテクストを改定したか、具体的には不明である。

以上、定家写本に注目しながら王朝文芸作品の書式の一端を見たが、平安時代の古本、古写本（多くないが）がおよそ総仮名表記であるのに対して、定家写本は明らかに漢字使用が増えている。その結果、定家と同様に、古代以来の音変化を経ている私たちにとって、定家本における文意の認知性が優れていることは明らかである。

『下官集』の表記改革の一端

『下官集』では、仮名遣いを記した「嫌文字事」のほかに、文脈の理解を助ける目的での意味のまとまりとして、句の切り方に関する「仮名字かきつゝくる事」の記述がある。これは、連綿（平仮名の続け書き）における句の切り方、改行の仕方を述べたものとされる。例として、『古今和歌集』巻一の冒頭歌が挙げてある。

一　仮名字かきつゝくる事
としのうちには／るはきにけ／りひ／とゝせをこ／
そとや／い／はむことし
如此書時《かくのごとくかくとき》よみときかたし　句をかきゝる

大切よみやすきゆへ也

としのうちに／はるはきにけり／ひととせを／

こそとやいはむ／ことしとやいはむ／仮令如此事《たとひかくのごときこと》

（注：斜線／は字の切れ目を示す）

（解釈）

一 仮名字書き続けること

としのうちには／るはきにけ／りひ／ととせをこ／

そとや／い／はむことし

右のように書くときは分かりにくい。まとまりのある句を書ききることの大切さは読みやすさのためである。

としのうちに／はるはきにけり／ひととせを／

こそとやいはむ／ことしとやいはむ／（例えばこのように書くのである）

右は、和歌の書写に際して、句のまとまりに応じて切る（句を書ききる）ことの重要性を述べたもので、歌句の切り方、改行の仕方について、極端な本文の切断例を挙げて説明したものである。中間の注に、

如此書時よみときかたし　句をかきゝる大切よみやすきゆへ也

とあるのは、定家の意図をよく表している。「句をかききる」とは、「文節をまとめて書き切る」ということであろう。

「嫌文字事」における語の綴りと併せて、和歌における墨痕《ぼっこん》の切れ、続きによる墨継ぎまで利用した句（文節）の表示に留意しているのである。これらの工夫によって和歌から語と文節が取り出されている。これらは言語学的に意味ある単位であり、従来の和歌の書写においては取り出されなかった文法上のかたまりである。定家は、「嫌文字事」によって「語」を、「仮名字かきつゝくる事」によって「句（文節）」を取り出したのである。ここに、『下官集』の明確な言語学的意図を見いだすことができる。

十世紀ころの貴族社会において系統的な綴り方教育がおこなわれたかどうかは分からない。ただ、仮名教育は存在したであろうし、すでに手習い歌として種々のものが試され、いろは歌に収斂《しゅうれん》する文字の訓練も存在した。しかし、最も効果的な手段は、歌文の書写であった。こまめな手紙のやり取りもこれと同様の教育効果を果たしたであろう。十世紀から十一世紀半ばころまでは、語の綴りを覚える必要はなく、四十七字の使い方だけを記憶すれば済んだ。

語の綴りは、発音に従えばよい。そこで、繰り返しおこなわれた詠歌と転写が綴りを安定させたのである。

しかし、音変化がまとまって生じた平安末期以後の人々にとって、総仮名の「旧草子」を目にしたとき、語と文意の認知はどれほど困難であったのか。目の前の現実は、「嫌文字事」が嘆くように「当世人の書くものは狼藉が多く、古人の用いて来たところに外れたもので、遺憾に堪えない」のである。定家の周囲には、期待される旧草子とはほど遠い狼藉の写本が多くを占めていた。

定家の改革は、「自分一人の了見であり、先達の例もなければ、周囲の誰一人賛同する人はいない」という孤立した状況であった。これは、定家の過剰な謙遜《けんそん》というよりは、現実の姿であった。そのような中で定家は、信頼できる旧草子を選択し、これを正しく継承して後世に伝えるには、書写の実践に際して、綴りを旧草子に復し、語の認知性を高めることが肝要であると考えた。

古歌における古語の安定的再現が定家が自らに課した主題であった。仮名遣いの「を」「お」の区別については、現実のアクセントを反映しているが、これには先例（『類聚名義抄』、『色葉字類抄』等）があり、知識世界での同意が期待できた。

仮名遣いを導入することによって、価値の高い雅語の強調効果が得られる。そのうえ、一緒に使われる漢字は訓読みで用いられるので強い表語性を持つ。規範に従い、綴りの安定した雅語と訓読みの漢字が共存する文脈は、狼藉の草子類とは比べ物にならない分かりやすさがあった。

定家は、語の認知性向上のために、旧草子に従って綴りの安定を図り、テクストを漢字仮名交じりに改定した。定家は、漢字仮名交じりの読解補助の効果を知り尽くして、テクストの要所に漢字をちりばめた。定家のテクスト改革の根本的理由は、読み手への配慮である。

紀貫之自筆本に近い青谿書屋本《せいけいしょおくぼん》『土左日記《とさにっき》』に対して、定家本『土佐日記』のテクストが残っている。

その際、冒頭の、

をとこもすなる日記といふものををむなもして見むとてするなり

の本文を、

をとこもすといふ日記といふ物をゝむなもして心みむとてするなり

のように、解釈的改変を定家が施したことはよく知られている。「すなる」を「すといふ」に変えるという事実は、伝聞推定「なり」（終止形接続）と断定「なり」（連体形接続）の区別が定家の時代に問題化していたことを明らかにしている。平安末期から鎌倉時代にかけて活用語の終止形が廃れて連体形に吸収されつつあったからである。また、「してみむ」を「して心みむ（試みむ）」に改変するのも私たちから見てほとんど現代語訳に近い。

私たちがこのような定家の本文改変の凄《すご》みに驚くのは、近代文献学が教える原典尊重のタブーに触れるからである。定家の解釈改変の実践に「他人」の賛同や「先達」を見つけることは困難である。当時の急激な言語変化だけが定家を後押しした。

鎌倉時代以後の創作和歌は、多く漢字仮名交じりであり、現代人は、古典文学を漢字仮名交じりで教育され、享受している。総仮名表記を書面に詰め込んだ王朝古写本の様相が今のような書式に変わったのは、定家の仕事が契機となった。定家は、旧草子の綴りを再建し、漢字を交え用いることによって、語と文意の認知性を高め、理解しやすい効果的なテクストを後世に伝えた。

第三節　定家と鎌倉時代ルネサンス

発音と表記のずれが醸し出す価値

「嫌文字事」は、日常語彙の正確な転記のためのものではなく、古典文芸の書写における雅語の表示を目的としている。

定家が生きた院政・鎌倉時代は、王朝文芸を支えた貴族政治が危機を迎えていた。政治的決定権は、律令政府から武家に移行しつつあった。さらに、律令貴族は、王朝歌文の再建に際して、口語と歌語の綴りが乖離《かいり》する混乱にも直面していた。

こうして鎌倉時代の公家《くげ》や上流武士は、王朝文芸を解釈することも、再現することも困難になっていた。そのことが王朝テクストへの彼らの憧《あこが》れと執着を生み出した。歌語つまり雅語の自覚と表示は、文化的意義を持ったのである。ここに、日本語で記された古典文芸作品が成立したのである。

定家が注目した旧草子の語とは、どのような性格のものであるのか。

「嫌文字事」所収の語句は、三代集《さんだいしゅう》を中心として『詞花和歌集《しかわかしゅう》』に至る勅撰和歌集から採用されているという(4)。勅撰集とは、天皇の命令によって公的に編纂される和歌集のことで、『古今和歌集』以下『新古今和歌集』までの八代集が権威ある和歌集とされた。よって、『下官集』の収録語彙は歌語中心で、物語の語彙は積極的に想定する必要がないとする国文学からの主張がある(5)。要するに『下官集』収録語彙は、散文を念頭に置かず、勅撰集の和歌に使われた歌語を採用しているのである。

つまり『下官集』のいう「旧草子」とは、『古今和歌集』、『後撰和歌集』、『拾遺和歌集《しゅういわかしゅう》』(以上が三代集で、後世の和歌の模範となった)をはじめとする勅撰集の写本である。「嫌文字事」に模範例として挙げられる語群はそれらの古写本を参照して収集したということであろう。このことは、中世に始まる文法学(テニヲハ学)が一義的に和歌制作のためにあったことと一致する。定家は、三代集の権威ある写本を後世に残してもいる。それらの定家写本には漢字使用が明らかに多かった。第二節で示した勅撰集和歌の定家写本の漢字使用の実態を想起されたい。

また、紀貫之自筆本に近い青谿書屋本『土左日記』を「標本」にして、平仮名文中における当時の漢字使用の原理を模索する試みを日本語学者がおこなっている。[6]

定家が「嫌文字事」で例示した語群は、勅撰集に使われるような雅語であり、価値の高い文学語である。雅語を挙げて綴りの規範とすれば、表記と発音のずれは、かえって積極的特徴となりうる。古典再建の対象になる雅語は、語中に古体を残している場合が多い。発音と乖離する綴りは、かえって雅語らしさを顕示して価値を高めることがある。

昔、「シクラメンのかほり」という流行歌があったが、「かほり」が歴史的仮名遣い(かをり)と異なることについてはともかく、作詞者は「かほり」の綴りと「香(かおり kaori)」

との音のずれによる古雅な意味の強調を意図したはずである。呉服屋の「ゑり善」、魚屋の「うを勝」等の屋号も老舗《しにせ》の雰囲気を醸し出す独特の表語効果を狙《ねら》ったものであろう。『下官集』「嫌文字事」が掲げる「をみなへし」「やへさくら」「こすゑ」等、これらが雅語として価値を持つ要因の一つは、発音と綴りのずれによる違和感である。発音とずれたまま安定した綴りは、得がたい表語的価値を発揮するのである。

定家の語の綴りの提案は、当然のことながら文芸行為の中でだけ生かされるように企図されたものである。『下官集』に書かれているように、「嫌文字事」は一人の賛同者もない自分だけの僻案と極度にへりくだった態度を表明している。しかし、同書は定家自筆本を起点に書写が繰り返された。

同書の諸写本は、鎌倉時代中ごろには、かなり流布してこれが広く読まれていたことが明らかになっている。[7] 本章の末尾で触れるように、鎌倉時代の終わりころには、定家が歌学の宗匠に位置づけられていた。

古典文芸解釈の開始

「嫌文字事」の語例は、それらが雅《みやび》なる詞の綴りであることを自覚して表示された。『下官集』は、雅語を通じてはじめて、日本語の文法的な語と文節を取り出した。同書の挙例は、「をみなへし」「こひ」の語や「いひしらぬ」「かひもなく」等々の文節を掲げている。定家は、「嫌文字事」において雅語を認知することを通じて、文法的要素である語と文節を取り出したのである。

上代語の母音体系が崩れた際に仮名遣いの問題は起こらなかった。十世紀初頭に、ヤ行「延」とア行「衣（え）」の区別が消失した際にも仮名遣いの問題を引き起こさなかった。奈良時代や九世紀ころには、平仮名は未完成で、語が安定的な字順で表示されることはなかった。一音多字の万葉仮名では、綴り方の成立はない。

語の綴りに安定的な字順が存在するという認識は、一音に対して一字に種類が絞られた平仮名によって成り立つのである。定家の語の認識は、雅を醸し出す復古的な雅語を表示する方向で実現した。紙の上に表音文字を連ねただけでは、小学一年生が書く平仮名文と同じで語の標識は現れない。文法的存在である語を標示するためには、表音文字の機械的な羅列だけではなく、書面にメリハリをつけなければならない。

これは、前に述べたロボット言語のように音を単純に発するだけでは、聞き手に意味ある語が掌握しにくいのと同じである。そこにアクセントに似た働きを持つ固定的な綴りが介入する余地が出てくる。

鎌倉時代になって、表音文字による自動的な転写だけでは再現不可能な雅語の存在が見いだされた。音変化の結果、発音と表記のずれを前提にした仮名転写によって、雅語の自覚的表記が成立した。こうして歌語の過去の綴りを維持する因習的な綴り方の中に、古典文学の書式が成立する道が開かれたのである。定家は、雅語の現実の発音に留意しながら、テクスト群を古来の伝統的な綴りによって統一し、王朝文芸を均質な言語によって構成される作品群として作り上げようとした。日本古典文学という、今日に継続するジャンルがこのようにして成立した。

復古と革新が文芸復興運動の特徴である。私は、定家の日本古典学創業を「鎌倉時代ルネサンス」と呼んでいる。(8) ルネサンスについては、西洋の歴史が教えるところであるが、これはよく知られるイタリアだけの、しかも美術の分野に限らない。

イタリア・ルネサンスよりはるか以前、九世紀フランク王国のカール大帝が指導したカロリング・ルネサンスは、イングランド人の碩学《せきがく》アルクインを招き、王国において衰微していた古典ラテン語を再建して、中世ヨーロッパの書記言語の基盤を作り上げた。規模は全く比較にならないが、定家の仕事はアルクインの貢献に似ている。文芸復興運動における「革新」の本質は啓蒙《けいもう》にある。啓蒙によって復古の成果を大衆的に拡散し、以後の伝承を担保するのである。

文芸復興運動としての定家の仕事の特徴は何であろうか。そこに復古と革新の両面があるとすれば、復古とは、旧草子にある雅語の綴りの復元である。復元された雅語は、新しい時代に新しい表語機能を得たのである。革新とは、「嫌文字事」に従って雅語が敷きつめられたテクスト上に適宜漢字を配置して、理解の向上を助ける文脈を創造したことであろう。これが後の漢字仮名交じり文に連なるのである。

定家以後の古典享受者は、古典テクストに、従来より確実に近づきやすくなった。今日伝わる王朝古典文学の流布本の多くが定家の処置を経て流布したものを底本にしていることはゆえなしとしない。

定家は孤立を自覚していたにもかかわらず、彼の仮名遣いに関する提案は確実に伝えられ、鎌倉時代末に行阿《ぎょうあ》『仮名文字遣《かなもじづかい》』が「定家卿仮名遣」を標榜《ひょうぼう》し、中世歌学世界を次第に支配していった。しかし、中世の仮名遣いを特徴づけた「定家卿仮名遣」は、定家の権威だけを活動源にする無典拠の伝承であり、これが江戸時代の実証家によって批判されることになる。このことは、後の章で述べる。

第四章
宣教師が記録した室町時代語
——「じ／ぢ」、「ず／づ」の合流と開合の別

室町時代（十六世紀）の音節

あ	い	う	え ye	を wo
か	き	く	け	こ
さ	し ʃi	す	せ	そ
	じ dzi	ず dzu		
た	ち tʃi	つ tsu	て	と
	ぢ ˜dzi	づ ˜dzu		
な	に	ぬ	ね	の
は fa	ひ fi	ふ fu	へ fe	ほ fo
ま	み	む	め	も
や		ゆ		よ
ら	り	る	れ	ろ
わ				お（を）

＊「ぢ」「づ」˜は弱鼻音を示す。
オ段長音の開合
開音：oo 逢ふ・買ふ・候ふ・申し、ほか
合音：ou 大（おほ）・今日（けふ）・酔ふ、ほか

第一節　四つ仮名混同の問題

キリシタン資料による室町時代語の再建

本章では、中世後期室町時代の音声の様相を取り上げる。室町時代の日本語の音声を映し出す優れた資料は、ヨーロッパから来日したイエズス会宣教師が残したローマ字による日本語記述である。

十六世紀から十七世紀にかけてキリスト教布教の目的で来日したイエズス会宣教師は、多くがポルトガル人であった。彼らは、日本で布教をおこなうためにポルトガル語で記した日本語文法書（ロドリゲス『日本大文典《にほんだいぶんてん》』〔一六〇四～〇八年刊、長崎〕、『日本小文典《にほんしょうぶんてん》』〔一六二〇年刊、マカオ〕）、ローマ字で記された日本語教材（『平家物語《へいけものがたり》』、『伊曽保物語《いそほものがたり》』等）、日本語をポルトガル語で解説した辞書である『日葡辞書』〔一六〇三年〕等を刊行した。これらの、室町時代語を西洋人の観察を通して記述した文献群をキリシタン資料という。ロドリゲスの日本語文法は、西洋のラテン文法の書式で当時の日本語を記述している。西洋文法の特徴は、名詞・代名詞・形容詞・動詞等の品詞分類や、性・数・格等を記述して、音声、正書法に及ぶものである。これに対して、鎌倉時代に始まった和歌解釈と制作のための文法学は、品詞分類ではなく、王朝古典語の「和歌てには」（『手爾波大概抄《てにはたいがいしょう》』鎌倉時代後期成立）を対象にしたテニヲハ学であって、品詞分けは近世後半にようやくおこなわれた（富士谷成章《ふじたになりあきら》『あゆひ抄』一七七八年）。テニヲハとは、助詞、助動詞、用言の語尾やそれらの形態的関係を指し、テニヲハ学は、歌作に際してそれらを使いこなすためのものであった。

これに対して、ロドリゲスの文法は、当時の日本口語を正確に知ること、日本語を正確に表現するためのものであった。彼の日本文法学は、動詞の活用と諸形態、名詞、形容詞、代名詞等の品詞分類を前提にして記述を施してゆくという、全く新しい方法である。

日本語について、私たちは今でこそ名詞だの動詞だのと議論するが、このような品詞分類は、明治以後、西洋文法の知識を入れて成立したのである。室町時代語の文法史を考えるうえで、ラテン式日本語文法書は、有益な情報を提供するのである。そして、キリシタン資料の何より大きな魅力は、当時の日本語のローマ字表記がもたらす音声に関する情報である。

室町時代の日本語がローマ字で記されていることに加えて、日本語と日本の事情に通じ、豊臣秀吉《とよとみひでよし》にも信頼されたイエズス会宣教師ロドリゲスのような知識人が文法書の中で日本語音声に関する記述を残している。室町時代の日本語のローマ字表記が当時のポルトガル語の正書法の干渉を受けることもあるが、それらは同時代のポルトガル人の観察や日本側の資料によって修正されており、私たちはそれらを対照することによって、精密な音声の再現がされていると評価できる。

日本人にとって仮名や漢字は、音節を表示して、これ以上細かく分割できない最小の文字である。これに対してローマ字は、音節をさらに子音と母音に分割して、漢字や仮名が表示できない細かい音要素まで推定できるところに大きな利点がある。例えば、奈良時代語で[p]、平安時代語で［Φ］であったといわれるハ行子音は、『日葡辞書』では「**Faqe**（刷毛《はけ》）、**Ficari**（光）、**Fude**（筆）、**Febi**（蛇）、**Foca**（外）」等、fで表記されている。ポルトガル語のfは、英語と同じ唇歯音であるが、日本語のハ行子音が唇歯音であったことはないので、両唇摩擦音［Φ］を響きが似た同じ摩擦音fで転記したと考えられる。

また日本側の資料として、十六世紀前半の『後奈良院御撰何曽《ごならいんぎょせんなぞ》』（一五一六年）というなぞなぞを集めた資料の中に、次のような問題がある。

母には二たびあひたれども父には一度もあはず

（解釈：母には二回会ったけれども父には一度も会わなかった。これ何だ？）

これの答えが「くちびる」なのである。これは、当時「母（はは）」を発音するためには、「ファファ」と唇を二度合わせて発音するのに対して、「父（ちち）」は、「ティティ［titi］」あるいは「チチ［tʃitʃi］」と発音するので、唇を一度も合わせない。したがって答えが「くちびる」なのである。

『日葡辞書』では、「母（はは）」は、Fafa または、faua と標目されている。この「なぞなぞ」の正解は、当時のハ行子音が両唇性の［Φ］であったことを示している。「羽柴《はしば》秀吉」の発音は、「ファシバフィデヨシ」だったのである。

四つ仮名混同の先駆け

鎌倉時代以前の仮名の用法によれば、「藤」は「ふぢ」、「富士」は「ふじ」で区別された。これは、その発音「藤（ふぢ fudi）／富士（ふじ fuzi）」が違っていたのである。同じように、「楫（かぢ kadi）／家事（かじ kazi）」、「屑（くづ kudu）／葛（くず kuzu）」なども同じく発音が違っていた。

これらの区別は、「じ（zi）・ず（zu）（ザ行仮名）／ぢ（di）・づ（du）（ダ行仮名）」の発音が区別されている間は問題にならなかったが、「じ」「ぢ」の音が［dzi］の音として合流し、「ず」「づ」の音が［dzu］の音として合流してから、仮名遣いの問題として現れた。仮名遣いとは、単なる仮名の使用法というのではなく、同じ音に対する複数の仮名をいかに書き分けるのかという問題である。

「じ／ぢ」「ず／づ」の仮名遣いを「四つ仮名」という。四つ仮名の使い分けは、現代仮名遣いにも影を落としている。日本語ワープロでローマ字入力をする私などは、「続く」「縮む」「知事」「地図」等の入力ではミスタッチが出る。例えば「地図」は、現代仮名遣いでは「ちず」だが旧仮名遣いでは「ちづ」である。「木津（kidu）」を入力しようとして「傷（kizu）」を出してしまうこともある。年配の人をはじめ、旧仮名遣いに触れることの多い人ほど混乱が多いのではないか。

四つ仮名混同の問題は、平安時代や鎌倉時代に起こったものではない。仮名遣いの創始者藤原定家のころにはなかったことである。

右に挙げたように鎌倉時代までは、「藤（ふぢ fudi）」と「富士（ふじ fuzi）」では発音が異なっていた。この二つの語は、立派に言い分けられ、聞き分けられていた。同じように、「静（しづか siduka）」と「数（かず kazu）」も「づ・ず」の仮名が使い分けられていた。それが、室町時代の中ごろに「じ／ぢ」と「ず／づ」の区別が動揺してきた。

まず、起こった出来事を時間を追って確認しよう。四つ仮名混同といわれる変化が生じる前に、先駆けとなるタ行「ち・つ」の子音変化が室町時代に起こった。現代語では同じタ行とはいえ、口の開きの狭い母音iとuに先行する子音を持つ「ち」と「つ」が他の「た(ta)・て(te)・と(to)」のような破裂音と違うことに気づくだろう。「ち・つ」に生じた変化を口蓋化という。同じ口蓋化は、サ行音でiに先行する「し([ʃi])」でも生じた。「ち」は、[tʃi]、「つ」は[tsu]のように、破裂から摩擦を生じる破擦音《はさつおん》である。「ち・つ」は、奈良時代には、「タ・テ・ト」と同じ破裂音「ティ(ti)・トゥ(tu)」であった。「ち」と「つ」の万葉仮名に使われた漢字は、「ち：知・智・道」「つ：都・豆・追」等である。これらはいずれも破裂音系の漢字原音(隋唐中古音)を持つ。もし奈良時代の「ち・つ」が現代語と同じ破擦音であれば、それにふさわしい漢字「指・志・之・柴・紫」等、幾つもあるが、これらは、「ち・つ」の仮名から排除されている。これらの漢字は、むしろサ行仮名に使われる。すでに見たように奈良時代のサ行音は「ツァツァノパパ(笹の葉は)」のような破擦音であった。

古代語のタ行音は、破裂音tに母音a・i・u・e・o・öが端正に並んでいた。「ち」は、ティ(英語の「tea」)、「つ」はトゥ(英語の「to」)のような発音であった。濁音であるダ行音「ぢ」(遅・治・尼等)・「づ」(豆・頭・弩等)の万葉仮名も隋唐中古音では破裂音であり、「ダ(da)・ヂ(di)・ヅ(du)・デ(de)・ド(do)」であった。[1]「ぢ(di)」は英語の「diesel(ディーゼル)」、「づ(du)」は英語の「do(ドゥ)」に近い音である。本章のはじめで触れた

「藤（ふぢ）」と「富士（ふじ）」は、奈良時代では「藤（pudi）」と「富士（puzi）」のように異なっていた。このようなタ行とダ行の状況は、鎌倉時代終わりまで続いたと考えられる。

室町時代にタ行「ち・つ」が［tʃi］・［tsu］の「破擦音」に移行した。その結果、濁音の「ぢ・づ」も影響を受けて（あるいは引かれて）「ぢ（［dʑi］）・づ（［dzu］）」のように破擦音化した。

ところで、古代日本語の清濁（カ—ガ〔k—g〕、サ—ザ〔s—z〕、タ—ダ〔t—d〕、ハ—バ〔p—b〕各行）は、発音の際の口の形が同じで無声／有声の対立による。よって一方が変化する際には連動することがある。だが、古代から近代の間に、清濁も個性的な変化を遂げた。なかでも近世以後のハ行音hとバ行音bは、口の形が大きく違って隔たりは顕著で、これがなぜ「清濁」（h—b）で対立するのか、現代語の知識だけでは説明できず、歴史的由来（p—b）から説明しなければならない。「はり（針）〜どくばり（毒針）」、「ひと（人）〜ひとびと（人々）」「ふかい（深い）〜欲ぶかい（欲深い）」などの「清濁」は、古代語のように口の形が同じで有声／無声だけの対立ではない。これには、他の清濁（沙汰《さた》〜表ざた、高《たか》〜円高《だか》）が今も使われているのに合わせたとともに、歴史的な「清濁」観念が残っているためであろう。

四つ仮名の混同

室町時代に起こったタ行音「チ・ツ」の破擦音化が濁音「ヂ・ヅ」を引き込んで破擦音化した。その結果、「ぢ・づ」がザ行「じ（zi）・ず（zu）」と接近し、最終的に合流した。「じ／ぢ」「ず／づ」の混乱を「四つ仮名」と呼ぶのは、十八世紀の謡曲の教本である『音曲玉淵集』（一七二七年、江戸）に、次のような記述があることによる。

　じぢずづ　此濁音を四つ仮名といふ

サ行子音は、平安時代後半までに古代の破擦音 ts を離れて摩擦音 s に変化していた。「し」の子音は、古代の破擦音 tsi から英語の「sing（歌う）」の si と同様の摩擦音になった。さらに、室町時代ころまでに現代語の「紳士、失礼」や英語の「shy（シャイ）」の「し［ʃi］」つまり口蓋音 ʃ となっていた。口蓋音 ʃ と同期して濁音「ぢ」も口蓋性の子音を含む「神社」「邪魔」「ジャンプ」と同じような［dz］となった。

鼻音による「じ／ぢ」と「ず／づ」の区別

「じ／ぢ」と「ず／づ」は、十六世紀室町時代に音声が接近していた。ここですんなり合流してしまえば、現代語として帰着する。しかし、ここに最後の壁があったといわれている。

「じ」と「ぢ」、「ず」と「づ」を隔てる最後の壁とは、ダ行音「ぢ・づ」が持っていた鼻音である。この壁が撤去されたのは、後述するように元禄《げんろく》時代（十七世紀終わり）ころと推測されている。

ロドリゲス『日本大文典』によれば、十六世紀の日本語では、ダ行音（Da Dzi Dzu De Do）とガ行音（Ga Gi Gu Ge Go）には、軽い鼻音性が備わっていた。

D Dz G の前のあらゆる母音は、常に半分の鼻音かソンソネーテかを伴っているように発音される。即《すなわ》ち、鼻の中で作られて幾分か鼻音の性質を持っている発音なのである。

（土井忠生《どいただお》訳）

右のソンソネーテ（sonsonete）について、かつて鼻音性を表すという解釈がおこなわれたが、[2]近年の研究で否定された。ポルトガル語のソンソネーテとは、特定の発音上の性質ではなく、例えば皮肉を込めたようなある種の口調のことである。ただ、ロドリゲスは当時のダ行音とガ行音が発せられる直前には軽微な、十分に実現しない程度の、「ソンソネーテ」とは別の、軽微な鼻音性を見いだしている。「常に半分の鼻音」の記述は、そのように解される。軽微な鼻音が付随する子音を専門家は前鼻子音と呼んでいる。ロドリゲスの記述をこの

ように理解すれば、四つ仮名合流直前の状況は、

　ぢ・づ（弱鼻音）／じ・ず（非鼻音）

によって区別が維持されていたことになる。藤は、フッジ（Fu˜dzi）（～は軽微な前鼻音）、富士はフジ（Fudzi）で発音し分けられていた。

ロドリゲスの文典や『日葡辞書』の編集は京都語を対象にしたものであるが、この区別は、現代でも方言で残存している。もう二十年以上前にテレビ番組で四つ仮名が話題になり、区別を保持しているとされる高知県の年配の男性が、右のように「藤（フッジ）／富士（フジ）」と発音し分けているのを私は見たことがある。

『日葡辞書』では、次のように四つ仮名の表記が区別される。綴り字のCは、［k］で発音される。仮名は、私が付けた。

Cajinn（歌人かじん）／Cagi（舵かぢ）　Fuji（不時ふじ）／Fugi（藤ふぢ）
Cuzu（葛くず）／Cuzzu（屑くづ）　Cazu（数かず）／Cazzura（蔓かづら）

このように『日葡辞書』では、「ji（じ）／gi（ぢ）」、「zu（ず）／zzu（づ）」の綴りによって四つ仮名が区別されている。宣教師たちが四つ仮名に留意していたことが分かる。

ロドリゲスに続いて、「ぢ・づ」の鼻音性に言及したのが江戸時代中ごろの大坂《おおさか》の古典学者契沖《けいちゅう》（一六四〇～一七〇一）である。契沖は、江戸時代の実証的日本古典研究（国学）の創始者とされる。契沖は、徳川光圀《みつくに》に依頼された『万葉集』の全注釈『万葉代匠記《まんようだいしょうき》』（一六九〇年）執筆の過程で実見した平安時代天暦《てんりゃく》年間（九四七～九五七）以前の文献の仮名用法と定家仮名遣いがしばしば一致しないのに気づき、「天暦以往」の文献における仮名用法に関する実証的報告である『和字正濫鈔《わじしょうらんしょう》』（一六九五年）を出版した。これは、当時支配的であった定家仮名遣いの無典拠の伝承を事実上批判したものであり、保守派歌壇から無視されたが、実証の力によって次第に支持者を増やした。

同書は、十八世紀後半には楫取魚彦《かとりなひこ》『古言梯《こげんてい》』（一七六四年）という強力な援軍を得て権威を確立した。戦前までの「旧仮名遣い」は、契沖の仮名遣いを基本とする。

『和字正濫鈔』は、平安時代前期以前の上代古典を規範とするものであるが、四つ仮名のような、近世になって露呈してきた仮名遣いも、上代語の復元に必要なものは取り上げている。四つ仮名の別を誤ったまま万葉風の和歌を詠まれても困るからであろう。契沖は、同書第五巻において「中下に濁るち（例：伯父をぢ）」、「中下に濁るし（例：虹にし）」、「中下に濁るつ

（例：太秦うつまさ）」「中下に濁るす（例：瑕きす）」のように語中や語尾の「じ／ぢ」「ず／づ」の語例を挙げている。語中や語尾の例だけを挙げるのは、濁音は語頭に立たないという和語の特徴のゆえである。

『和字正濫鈔』では、語の綴りを提案するのに古代文献を典拠に挙げているのが特徴である。例えば次の記述を見られたい。

紫参　ちゝのはくさ　和名、千葉草の意に名付けたる歟《か》
紫陽花　あちさゐ　万葉
飄風　つむしかせ　日本紀　旋毛によりて思ふに吹きまはすをいふ名なり
（『和字正濫鈔』巻五）

注記の「和名」は、『和名類聚鈔《わみょうるいじゅしょう》』のことで、平安時代前期（九三四年）に源順《したごう》が勤子《いそこ》内親王のために編集した百科辞書である。当時の地名や語が数多く登録されている。「日本紀」は『日本書紀』を指す。このように契沖の考証は、語例に平安時代以前の古文献の例を挙げる。この方法は、『和字正濫鈔』の目的である上代古典の綴りの復元のためである。

契沖は、彼が生きた元禄時代の、わずかに残る四つ仮名の区別の痕跡《こんせき》を記録していた。契

沖は、四つ仮名の区別を次のように記述している。

右、ちよりこなたの四もし。都方の人の常にいふは。ちの濁りはじとなり。つはずとなる。田舎の人のいふは。じはぢとなり。ずはづとなる。ぢとづはあたりて鼻に入るやうにいはざればかなはず。都方の人は。心を着つれば。いつれもわけてよくいはる。田舎の人は。知りてもおほく改むる事あたはず。但ちとつの濁り。よくかなへむとすれば。なだらかでわろく聞こゆるなり。心得へし。（『和字正濫鈔』巻五）

（解釈：「じ／ぢ」「ず／づ」の四文字、都の人が常に言うには、「ち」の濁音が「じ」となり、「つ」の濁音が「ず」となる。田舎の人は、「じ」が「ぢ」となり、「ず」は「づ」と発音する。「ぢ」と「づ」は発音するに際して鼻に入るように発音しなければならない。これに対して、都の人は、注意深く発音すれば区別することができる。田舎の人は、この区別を知ってはいても改まった正しい発音ができない。ただ、「ち」と「つ」の濁音を発音しようとすれば、なだらかに聞こえてよくないので、注意すべきである）

「ぢとづはあたりて鼻に入るやうにいはざればかなはず」の記述は、先に見たロドリゲスの見解や高知県方言話者の「藤（Fu˜dzi）／富士（Fudzi）」の発音とも一致する。(3)

元禄時代の上方方言では四つ仮名の区別がすでに失われており、契沖のような知識人だけが言語共同体の音声の記憶を記述することができた。

四つ仮名すべての合流とズーズー弁

現在、「じ／ぢ」と「ず／づ」は、母音のイ列とウ列で区別を維持しており、この母音の区別がなくなると「じ・ぢ・ず・づ」で丸ごと一音に帰する。これがいわゆる「一つ仮名」の方言で東北地方の大部分と山陰地方の一部で話される。

辻知事が地図を見る。

の傍線を施した三語の発音が同じ（[i]と[ɯ]の中間の[ï]あるいは[ɯ̈]）になり、これがいわゆるズーズー弁である。一つ仮名「じ・ぢ・ず・づ」の具体的な発音は、方言によって違いがある。

これは、次のように清音のサ行音タ行音とも連動する。

寿司屋が煤まみれで獅子奮迅の働きをした。

父が土だらけの手で筒を持った。

の傍線の語の発音が同じになる。

「じ／ぢ」「ず／づ」合流時期の資料

『和字正濫鈔』と同年の出版で、四つ仮名の仮名遣いを取り上げたものに、鴨東蔌父《おうとうそくふ》『しちすつ仮名文字使蜆縮涼鼓集《けんしゅくりょうこしゅう》』が知られる。鴨川《かもがわ》の東のぼろ親父という偏屈な筆名、「蜆（しじみ）・縮（ちぢみ）・涼（すずみ）・鼓（つづみ）」という四つ仮名を読み込んだ洒脱《しゃだつ》な書名は、都会的な雰囲気を感じさせる。同書の語例の挙げかたは、『和字正濫鈔』とは違っている。『和字正濫鈔』は、古典古語に取材した和語の仮名遣い書であり、典拠を上代文献に求めている。

これに対して、『蜆縮涼鼓集』の語彙は漢語の例が多く、しかも典拠不明のものが多い。同書によれば、「進上（しんじょう）・天瑞（てんずい）」のように、上に撥音が来れば「じ・ず」が自然に鼻音性を伴うので「ぢ・づ」に変わりやすくなる。読者の中にも舌先が上顎《うわあご》に触れて「進上」となってしまう人がいるのではないか。同書の著者によれば、これが間違いであるといっているのである。ちなみに私は、舌先が上顎に触れないまま「進上・天瑞」と発音している。詳しく調べたことはないが、「ず」について、舌先を歯の裏（歯茎）に触れて発音する人と私のように触れない人がいるのではないか。「あんず（杏）」を［anzu］ではなく［andu］［andzu］に近く発音する人がいないか、一度試みられたらいかがだろうか。

『蜆縮涼鼓集』では、

撥音＋じ・ず→ぢ・づ

のように、撥音に直続する「じ・ず」の例（源氏〔げんじ〕・判者〔はんじゃ〕・杏子〔あんず〕等）を典拠を示さないままに挙げて注意を促している。このような姿勢は、古文献に典拠があるかどうかではなく、著者の経験に照らして「じ／ぢ」「ず／づ」のあるべき正しい発音は何かについての理念が先行した記述である。

『和字正濫鈔』が文献実証的方法で上代語の綴りの提示を目的とするのに対して、同書の記述の目的は、現代のあるべき発音実践の提案にある。これは、同書において謡曲に関する情報が豊富に含まれていることから見て、古典的仮名遣いの提案ではなく、謡曲の教本という性格のゆえである。その目的は、序文で「仮名文字使」を音韻の学であるとする宣言に現れている。

凡言語《ごんご》皆音韻《おんいん》也　文字皆音韻也　仮名文字使も皆音韻也　故に仮名使を沙汰せん人は必音韻を論じて後に其言語文字を明らむべし（以下略）

（『蜆縮涼鼓集』「序」）

（解釈：およそ言葉というのは音韻である。文字もすべて音韻がもとにある。仮名文字遣いもすべて音韻による。よって仮名遣いを論じる人は、必ず音韻を論じて後に、言葉と文字の関係を明らかにすべきである）

同書は、古典学的仮名遣い書と違って、四つ仮名の正しい発音による現代的な「音韻」の問題を提案している。『和字正濫鈔』と『蜆縮涼鼓集』は、同じ刊行年、同じ仮名遣い書でありながら、その目的は対極の位置にある。

第二節　オ段長音の開合の問題

「おほさか（大阪）」と「あふさか（逢坂）」

谷崎潤一郎《たにざきじゅんいちろう》原作、市川崑《いちかわこん》監督の映画『細雪《ささめゆき》』を見ていたら大阪駅のシーンが出てきた。

人物の背景にある駅名標示が右から「おほさか」と大書してあった。戦前の話であるから旧仮名遣いではオーサカが「おほさか（大阪）」なのは当然である。

他方、東海道本線「逢坂山《おうさかやま》トンネル」の「逢坂」は同じく発音はオーサカである。しかし、旧仮名遣いでは「あふさかの関」のはずである。次に挙げるのは百人一首に採られる清少納言の歌である。

夜《よ》をこめて鳥の空音《そらね》ははかるともよにあふさか（逢坂）の関はゆるさじ

歌意は「深夜に鶏の鳴き声で胡麻《ごま》化しても逢坂の関は決して開きませんよ。貴男にはお会いしません」というところであろうが、いろいろな教養が詰まって詠まれているので、詳しくは注釈書によられたい。ここでは、発音がオーサカなのに大阪と逢坂の仮名綴りはなぜ違うのかということに注目したい。

次は、安西冬衛《あんざいふゆえ》（一八九八〜一九六五）の「春」という有名な一行詩である。

てふてふが一匹韃靼《だったん》海峡を渡つて行つた

振り仮名は私が付けた。「てふてふ」とは蝶々《ちょうちょう》のことである。「てふてふ」をなぜ「チョーチョー」と読むのか。

実は、逢坂も蝶々も古代語の母音の連続（あふ→あう[au]）（てふ→てう[eu]）から生まれた融合音[au]（開音）[eu]（合音）がオ列の長音「オー」に変化した結果、起こってきた仮名遣いの問題を含んでいる。つまり、[au]に由来する長音「オー」と、[eu]や[ou]に由来する長音「オー」が中世の一時期は区別されていたのである。これを「オ段長音の開合《かいごう》の別」という。

これは、平安時代以後、日本語の音節構造が変化して、語中に生じた母音の連続が引き起こした新しい事態であった。

オ段長音「オー」は、中世後期の十六世紀に「開・合」の発音の区別があった。十七世紀の江戸時代にこの区別が解消して、現代語に至っている。現代語のオ段（列）長音[oo]は、「オール（all）」「コール（call）」のような欧米系外来語の長音と合わせて、平安時代以来の二重母音が変化したもので構成される。

ロドリゲスが記した「開・合」

次に、オ段長音の「開・合」の音声が形成されてきた仕組みを説明したい。オ段長音の

「開・合」はおよそ次のような過程を経て形成された。

開：［au］から由来したもの。長音では母音［o］を重ねる［oo］のように発音する。
かく（kaku）→かう（kau）→こう（koo）
候：さふらふ（safurafu）→さうらう（saurau）→そうろう（sooroo）
京：きやう（kyau）→きょう（kyoo）
性：しやう（syau）→しょう（syoo）

合：［ou］［eu］から由来したもの。長音では唇をすぼめて発音する。
法：ほふ（fofu）→ほう（fou）
今日：けふ（kefu）→けう（keu）→きょう（kyou）
蝶：てふ（tefu）→てう（teu）→ちょう（tyou）
酔：ゑふ（wefu）→ゑう（weu）→よう（you）

右の開合の別は、現代共通語ではともに「オー」（［o:］）で区別がない。しかし、［au］から来る［oo］と、［ou］［eu］から来る［ou］が合流する直前の十六世紀の京都語では、音声の区別があった。

開合の別が具体的にどのような発音、音声であったかについては、議論が分かれている。「開」は口の開きが大きく、「合」はその反対に開きを小さく発音したと理解できる。近年まで最も有力な説は、橋本進吉が現代語の「オ」よりやや大きく口を開く、開音［ɔː］／合音［oː］の説であった。[4] 現代語の「オ」（［o］）の音より口の開きがやや大きい開長音［ɔː］は、現在、新潟県中越《ちゅうえつ》地域小千谷《おぢや》方言において見いだされる。歴史音声学的再現としては、橋本の考えが定説として扱われてきた。[5] しかし、中央語にかつて存在しなかった［ɔ］を室町時代に突如想定するという不自然な記述が批判された。また当時の謡曲本の伝書にある唇の「まるめ」の程度差が開合に対応するという説が立てられた。

開合の発音の違いについて証言する資料が、ロドリゲス『日本大文典』と『日本小文典』である。次は、『大文典』の「開（ひろがる）」「合（すばる）」の説明である。

『ひろがる』ǒは、恰《あたか》も oo と二字で書いてあるかのように発音するのであって Xǒ は Xoo、Tǒ は Too のように発音する。（中略）

『すばる』ô は大体に ou と書いてあるかのように発音するのであって、Xô は Xou に、Tô は Tou のように発音する。

DO FIROGARV.

¶ *O modo de pronunciar,* ǒ, Firogaru, *he como ſe o eſcreueſemos com* dous, oo. *Vt,* Xǒ, Xoo, Tǒ, Too: *ou aßi como quando diʒemos no portugues v.g. Minha auǒ, capa de dǒ, enxǒ, ilhó, filhó, Nǒ, da taboa, muyto pó, & outras ſemelhantes com a boca aberta.*

DO SVBARV.

¶ *O modo de pronunciar,* ô, Subarù *he quaſi como ſe ſe eſcreueſe com,* ou. *Vt,* Xô, Xou, Tô, Tou, *& ſe pronuncia como no portugues, Meu auô, com a boca hum pouco fechada, ajuntando os beiços em roda.*

ロドリゲス『日本大文典』の「ひろがる」と「すばる」（オックスフォード大学ボドリアン文庫蔵本、勉誠社複製本354頁）

（土井忠生訳『日本大文典』一七五丁ウ）

ロドリゲスは、『大文典』『小文典』の本文書体と区別して日本語を表記する際に専用の文字で記しているという（『大文典』の日本語用書体はローマン体、『小文典』はイタリック体）。これは、ロドリゲスによる日本語の発音に関する注意表記と見るべきであるとする見解がある[6]。

ロドリゲスは、開音を「開く（Firaqu）、拡《ひろ》がる（Firogaru）」、合音を「すぼる（suboru）、すばる（subaru）」と日本語を使って説明している。これは、ロドリゲスのいう「（開音が）恰も二字で書いてあるかのようにooと発音する」という記述、および「（合音が）ouと書いてあるかのように発音する」という記述とも整合しており、当時の日本語音声の実態を正確に転写しようとしたものと評価できる。

『日葡辞書』の開・合

いっぽう、『日葡辞書』では、開合の別がどう表されているかを見よう。次の例を見られたい。

開　Foxxŏ（法性《しゃう》）Fŏyen（方《はう》円）Foyŏ（保養《やう》）Fŏxen（防《はう》戦）Mŏxi（申《まう》し）

合　Fôye（法《ほふ》会）Fôxo（奉《ほう》書）
Fôzzuqi（山茨菰《ほうづき》）Fôzzuye（頬《ほう》杖）

開長音は「ŏ」、合長音は「ô」と表記して区別される。しかし、この表記は日本語の音声実態を反映するものではなく、発音の相違だけを注記する「アセント」符号である。ポルトガル語のアセント（accento）は、「響き、ニュアンス」を表すにすぎず、発音の実態を表示するものではない。また、いわゆる「アクセント」でもなく、規範的な注意記号である。同書が日本語音を正確に記述するためのものではなく、日本語検索のための辞書である点を考慮すべきであろう。

要するに「開・合」の区別は、ロドリゲスの記述に従って「開」の発音は［oo］、「合」の発音は［ou］とするのが妥当であろう。しかし、「開・合」がどのような過程で合流したかについては不明の部分がある。

例えば、［eu］が合音［ou］を経て［oo］に帰着したといっても、半母音［y］（［j］）を介する「蝶：てふ **tefu** → **teu** → **tyoo**」「今日：けふ **kefu** → **keu** → **kyoo**」「逍：せう **seu** → **syoo**」「曜：えう **yeu** → **yoo**」等は、母音連続の［eu］から［yoo］への過程が分かっていない。要するに半母音 **y** がなぜ出てきたのかが解明されていない。この点について、中世のエ列音がすべて半母音 **y** が介入する音節であったとすればこの変化を説明しやすいとする考えもある[7]。つまり、エ列音はすべて中世では、

エ（ヱ）**ye**　ケ **kye**　セ **sye**　テ **tye**　ネ **nye**　ヘ **fye**　メ **mye**　レ **rye**

であったという推定である。これは、はじめから **y** を付けるので説明しやすいが定説に至っていない。「蝶々（てふてふ）」から「ちょうちょう」への旅は、韃靼海峡を渡るように説明が難しい。

合音［eu］の表記については、『日葡辞書』の編集過程でも混乱したようで、「豹へう

(Feu)」を「Fiô」とするのが原則であり、「Feô」としても可能であるが、これが実際の発音に近いわけではない、などと動揺した書き方をしている(『日葡辞書』「序言」)。この点に関しては邦訳『日葡辞書』の「解題」でも不審が表明されている。オ段長音の開合の合流期に発音の揺れや遅速が生じていた可能性がある。それが辞書記述の動揺に反映したということであろう。

また、合音 eu → you → yoo の過程を経た例のほとんどが漢語である。そもそも eu の音列が和語で生じることが非常に少ない。「今日《けふ》」「手水《てうづ》」などはそのうちの数少ない例である。和語の基本語彙の大半を占める一音節語、二音節語において語頭に e 音が立つことが極めて少ないことも要因である。古語辞典を開けば「エ・ケ・セ・テ・ネ・ヘ・メ」等のエ列音で始まる古語(和語)が極端に少ないことが分かる。エ列音から始まることができるのは、「詠(えい)・型(けい)・精(せい)・定(てい)・寧(ねい)・幣(へい)・明(めい)・礼(れい)」等の漢字か、「エキス・ケース・セールス」等の外来語である。

次章で改めて触れるが、漢字と音読みは、日本人にとってもともと外来語であり、平安時代より前はほとんど知識人の専有物であった。

漢語が多くを占める中世の eu が→ you → yoo と変化したのは、和語と同じような自然の音変化というより、狭い知識人社会の中で起こったことであった。この中で頻度の高い重要な少数の漢語に生じた変化をきっかけに、雪崩を打ってyooに推移したということがあったのかもしれない。

室町時代の日本語を、日本人が想像もできない視点で記述したイエズス会宣教師の日本語観察の成果は、豊臣秀吉と徳川幕府の反キリスト教政策によって日本から放逐された。これが再び日の目を見るのは、明治以後の近代科学としての国語学が立ち上がってからであった。

第五章
漢字の音読みと音の歴史
——複数の読みと日本の漢字文化

第一節　日本の漢字文化

日本漢字音の重層性

最初に次の例文を見られたい。

　銀行員の行雄は、修行のために諸国行脚を行なった。

　何の変哲もない文であるが、ここに日本語の漢字をめぐる複雑な様相が反映している。私たちは、「行」という漢字の読み方を幾つ覚えなければならないのか。まず、「ゆき（お）」「おこなう」という訓読みが二つある。訓読みとは、本来外国文字である漢字の日本語訳である。漢文訓読の際に漢字に付けた和訓に由来する。このうち、「山（やま）」「川（かわ）」「谷（たに）」のように漢字に定着したものを訓読みと呼ぶ。

　次に、「（ぎん）こう」「（しゅ）ぎょう」「あん（ぎゃ）」のような音読みである。漢字の音読みとは、中国原音の影響を受けているが、原音そのままではなく日本語の音体系に加工されて定着した読みのことである。

特に本章で注目するのは、「行」という基本漢字に三つの音読みと二つの訓読みを加えて、特に高い教養ともみなされることなく私たちが使いこなしていることである。小学生が習うような漢字に蛸足《たこあし》のように多くの読みが張り付くのは、日本語の特徴であるとともに日本語の歴史の所産である。

漢字の日本語訳である訓読みは措《お》いて、本章で問題にする複数の音読みを持つ漢字は、「文（もん・ぶん）」「極（ごく・きょく）」「西（さい・せい）」「山（さん・せん）」「木（もく・ぼく）」等、挙げればきりがない。しかも複数の音読みには、それぞれ現代語の基本語彙が「文科省、無一文、文句、文化、文庫、文明」等、たくさん張り付いている。

このような事実には、漢字一字一音の現代中国語を母語とする中国人が驚くという。中国人ですら驚くのであるから、先の「銀行員の〜」の例文を漢字文化圏外の人が修得するのは、簡単ではあるまい。私なら漢字を覚えるのが嫌になる。

漢字の音読みが複数ある現象を「日本漢字音の重層性」という。この重層性については、それぞれが特徴的なまとまりのある層として把握できることが多い。音読みの重層性を知ると漢字を勉強するのが楽しくなるという人も中にはいる。

日本漢字音の主たる層には三つある。最も古い層は、古代の倭国《わこく》がはじめて体系的に中国文化を知った三世紀から六世紀までの中国江南《こうなん》地域に起こった六朝文明の漢字音である。倭人（日本人）は、はじめてこの地の漢字を系統的に勉強した。この古層の漢字の音読みを呉音という。六朝時代は、中国史上例外的に仏教が盛んであったので、呉音には仏教語が非常に多い。「地獄」「極楽」「平等」「成就」「勤行《ごんぎょう》」等、これらは呉音から構成されている。

呉音	3～6世紀
漢音	6～8世紀
唐音	13世紀

日本漢字音の重層構造

ついで系統的に日本人が中国文化を学んだのが六世紀から八世紀の隋唐帝国の律令制度の導入を通じてである。隋唐時代の文化の中心は、洛陽、長安のような黄河《こうが》流域であり、この地に留学した日本人が持ち帰ったのが新層の漢音である。隋唐音をなぜ「漢音」と呼ぶのか、詳しくは分からないが、奈良時代末期にはすでに「漢音」と呼んでいた。中国でも後代、中古音を漢音と呼んだ例がある。「漢字」「漢人」のように中国を代表する概念を「漢」で表示することがあったからかもしれない。漢音は律令政府と大学寮《だいがくりょう》が積極的に導入を図ったので、制度、儒学《じゅがく》等の世俗的概念を表す語に使われることが多い。例えば、「内裏《だいり》」「皇帝《くわうてい》」「月令《げつれい》」「経典《けいてん》」「図書《としょ》」「古文《こぶん》」等である。

漢字音の三番目の層が十三世紀、鎌倉時代の日宋《にっそう》交流がもたらした唐音《とういん》である。唐音は、宋代の文物、特に禅宗とともに入った語が多い。これは、先の「行脚《あんぎゃ》」をはじめ、「行燈《あんどん》」「提灯《ちょうちん》」「椅子《いす》」「蒲団《ふとん》」「暖簾《のれん》」「饂飩《うどん》」等、呉音と漢音の知識からは読めない漢字で構成された語彙がそれが指し示す文物とともに舶来したのである。禅宗とともに入った経緯から、新来の文物には禅ゆかりのものが多いという。宋代の中国音を「唐音」と呼ぶのは、これも漢音と同様に一時代前の王朝名で中国を代表させる意識からであろうか。以下、先に挙げた例に加えて唐音から成る漢語の一部を挙げる。[1]

杏子《あんず》、綸子《りんず》、外郎《ういろう》、和尚《おしょう》、扇子《せんす》、簞笥《たんす》、饅頭《まんじゅう》

唐音が使われる漢字は、特定の文物を表す単語と結びついて現れるので、呉音や漢音のような新しい単語を作る力が欠けている。したがって唐音を知るには唐音が使われる単語を覚えるのが近道である。そこで日本語教育を含めた現代日本の漢字文化に切実な問題を突きつけるのは、呉音と漢音の二層対立である。

以上が、日本漢字音の重層的性格の概要である。漢字の音読みと訓読みが加わった日本の漢字の読みの重層性は、本節冒頭の「行」にとどまらない。

小学二年生の二郎は学級で二人《ふたり》目のリレー選手だ。
今年の元日は日曜日だった。
稚児行列をした太郎は、児童会の役員で家は小児科医院だ。
大介は大切な貯金をおろして大きな買い物をした。

私たちは、こんな初歩的な文を作るためにたくさんの漢字の音読みと訓読みを覚えなければならないのである。なぜこんなことが起こったのか。現代中国語は、一字に対して一音だけが対応するのでこういうことがない。当たり前である。漢字原音は中国で「呉音→漢音→唐音→現代音」と直線的な歴史変化を遂げてきたからである。中国人に古音を記憶する義理はない。私たちが「笹の葉」の古音「ツァツァノパ」を知らないのと同じである。それでは、私たち日本人は、中国漢字の古音を何ゆえ後生大切に抱え込んで基本語彙に生かしているのか。私たちは、中国人がはるか昔に捨て去った言葉の荷物を何ゆえ今も背負い続けているのか。それには何か理由があるのではないか。

本章では、漢字の音読みの重層性に注目して、私たちがあまり気づいていなかったこの珍しい現象の由来と歴史をたどってみたい。

呉音と漢音

鎌倉時代にいろいろな文物とともにわが国に流入した唐音と違って、日本の漢字文化に大きく影響しているのが呉音と漢音である。漢字と一緒に国語を学ぶ私たちは、この音読みの実態をよく覚えて使いこなす必要がある。

呉音	に	にち	に	にょ	にょ	もく	まい	らい	もん
	二	日	児	女	如	木	米	礼	文
漢音	じ	じつ	じ	じょ	じょ	ぼく	べい	れい	ぶん

呉音	みょう	しゃう	ごく	ぶつ	がう	びゃう	ごん	ほん	こん
	苗	生	極	仏	強	平	金	品	近
漢音	びょう	せい	きょく	ふつ	きょう	へい	きん	ひん	きん

右は一部の例であるが、日常的な漢字にも呉音と漢音の並立が及んでおり、双方を用いた基本語彙が数多くある。

漢字の音読みを仮名で表示するようになるのは、鎌倉時代以後の主に仏書がはじまりである。この時代を境にして、漢字と漢字文化が仏教を介して次第に庶民の生活に及びはじめる。

呉音は、六朝時代の漢字音、漢音は隋唐の漢字音を基礎にしたものであり、地理的、歴史的な差を反映する。日本漢字音の重層構造成立の原因は、呉音、漢音さらに唐音もまた、特定の社会集団の知識人の専有であったことにある。呉音は、飛鳥・奈良の仏教界、漢音は奈良・平安の律令政府と大学寮、唐音は鎌倉時代の禅宗という、聖・俗の巨大シンクタンクの構成員がそれぞれ使用した漢字の音読みの制度的習慣である。外来語音声である漢字音は、限定された知識人が保有したものであって、日本語の共同体に直接流入したものではない。特定の知識人社会の音読みのしきたり、制度であるから、それぞれの漢字音は、社会集団内で伝承される保守的性格を持つ。したがって大和言葉の自然の音声実態とは異質の存在であったが、ほかならぬ日本人が日本漢字音の担い手である以上、日本語音声の歴史的変化と完全に無縁ではなかった。

古代における漢字と漢字音は、上流知識層の専有物であり、中世以後、仏教とともにゆっくりと民衆の精神生活に下降してきた。大衆レベルでの漢語の普及は、江戸時代以後の各地の藩校と地域の寺子屋が輩出した識字層に支えられた出版物とともに実現した。この実態も第六章で明らかにしたい。

呉音と漢音の違いの体系性

呉音と漢音の違いは、私たちの肌感覚で分かるところがある。その一つは、呉音を使う漢語には仏教語が多いことである。

善男子《なん》、善女人《にょにん》、如来、縁日、礼拝《らい》（キリスト教では、れいはい）、文殊、後生《ごしょう》、平等《びょうどう》、成就、成仏、極楽

「平等」は、「平等覚、平等院」のような仏教語であるが、近代以後は世俗の人権理念を表す語に転用された。これを漢音に直して「へいとう」としたのではequalityが想起できまい。呉音読みの「人間《にんげん》」も仏教語である。救済（解脱）を得ないまま地獄、餓鬼、畜生、阿修羅《あしゅら》と、永遠に輪廻《りんね》転生を繰り返す六道《りくどう》世界の一つが人間である。これが儒教の漢音読みでは「じんかん」だが、これでは日常語としても通らない。しかし、全体として漢音に比べて呉音が古臭い感じがするのは、奈良時代でさえ一時代前に移入されたためであろう。

呉音と漢音の相違は、中国史における文化の中心地が江南地域から黄河流域へ移動したことと六朝から隋唐への時代的変遷との両方を反映している。この中国語内部の地理的、歴史

的変化の痕跡が呉音と漢音の違いに残っている。

漢音呉音対立の音声的特徴を挙げれば、「江（ごう・こう）」「台（だい・たい）」のような濁音と清音、「二（に・じ）」「児（に・じ）」「日（にち・じつ）」のような鼻音と非鼻音の違いであり、いずれも前者の特徴を持つのが呉音である。呉音と漢音を比べて呉音を古臭く感じるのは、根拠のある直感であると思う。日本人は、伝統的に呉音と漢音の対立（濁音・清音、鼻音・非鼻音）の中に、飛鳥時代以前の仏教語由来の音声を古く、八世紀以後の律令国家と結びついた世俗的音声を新しく感じる記憶が存在するのかもしれない。

これらの対立は、唐代長安音（七世紀半ばから八世紀）に生じた歴史的音変化である「全濁子音声母の無声音化（濁音の清音化）」と、それに連動して起こった「鼻子音声母の非鼻音化（鼻音性の消失）」という地滑り的現象を反映している。

中国音韻学の清濁は、「全清・次清・全濁・次濁」の四種類から成り（次頁の表）、「全濁」は、漢字冒頭の子音が［b］［d］［g］［dz］等、鼻音を除く有声子音を指す。この有声子音（全濁）に対して［m］［n］［ŋ］［l］［y］等の鼻音と半母音を「次濁」、「全清」は、［p］［t］［k］［ts］等の無声子音をいい、「次清」とは、全清音に吐く息の音が加わった［p'］［t'］［k'］［ts'］の音を指す。

この「全濁」が唐王朝時代末期までに無声音化［b］→［p］、［d］→［t］、［g］→［k］、

[dz] → [ts] を起こして「清音」化した。

ついで、「全濁」の場所に穴が開いた結果、「次濁」に位置づけられる鼻音声母 [m] [n] [ŋ] の各音が非鼻音化 [m] → [b]、[n] → [d]、[ŋ] → [g] を起こして、この穴に吸い込まれた。

この最初の音変化である「全濁声母の無声音化」を反映するのが、日本漢字音では「台」「大」「極」「江」「仏」等の「清・濁」を対立項とする呉音と漢音の相違である。ついで起こった「鼻音声母の非鼻音化」の反映が「二」「日」「児」「男」「女」「如」「木」「米」等の「鼻音・非鼻音」を対立項とする呉音と漢音の相違に現れているのである。

要するに唐朝玄宗《げんそう》皇帝、楊貴妃《ようきひ》時代の変化前の漢字音と変化後の漢字音を（もちろん日本語風にアレンジして）現代日本人が併せ持ち、日常的な多数の基本語彙として使いこなしている。これを聞いた中国人や台湾人が驚くのである。

	全	次
濁	b, d, g, dz	m, n, ŋ, l, y
清	p, t, k, ts	p', t', k', ts'

漢字の清濁

呉音と漢音の日本での定着

日本漢字音のように多量かつ体系的な重層構造は、中国をはじめ同じ漢字文化圏の朝鮮やベトナムでは存在しない。日本においてだけこのような規則的な対立が、対立したまま現代語まで持ち越された。その背景的理由としては、呉音、漢音、唐音のそれぞれが日本語の音体系から相対的に隔離されていたことが挙げられる。それらの音読みは、呉音は仏教集団、漢音は貴族集団というように、それぞれの社会集団内で伝承された。中世以後は、伝承された音読みを保存したまま、漢字と漢字文化が民衆に下降した。

さらに、日本の漢字文化において見逃すことができないのは、漢文訓読という、独特で大規模な翻訳法の結果、多くの漢字に訓読みが張り付いたことである。「山（やま）、川（かわ）、行（ゆく）、帰（かえる）」等、漢字に特定の日本語訳（和訓）が張り付いて文章が構成される。訓読みが定着し、漢字仮名交じり文が広く用いられた結果、日本人は漢字を外国文字と感じなくなった。訓読みは、漢字を大衆化する仲立ちをして、日本語共同体内部に引き入れる助けとなった。私たちは、学校での漢字書き取りに悩む一方で、日本独自の漢字検定を制定するなど、妙に漢字好きのところがある。

日本漢字音が中国語音声史と関連する点について、例えば「日本」という国号の読みは、私たち日本人は、「にほん」「にっぽん」と「日」を呉音で読む。しかし、中国では唐朝末期以後は「日」は「ジツ」[Dzi:t]と鼻音が脱落して漢音に近い発音となった。マルコ・ポーロが『東方見聞録』で日本を「ジパング（Zipangu）」と呼んでいるのは、その反映である。

いつのころからか、西洋人は中国人の発する「日本《ジープン》」に近い音をJapan、Japonのように聞いたのである。現代中国語の「日」は、さらに変化して「日本《リーベン》」のように聞こえる。

日本漢字音の呉音と漢音は、日本語にない中国原音の特徴を入れながら、日本語音体系に組み入れられた。この点については、次の第二節で詳しく説明するとして、律令国家が隋唐帝国由来の漢音をいかに普及させようと努力したのかという社会的側面を見ておきたい。

律令国家の漢音奨励策

伝統的な呉音と新来の漢音との間には、奈良時代においていろいろな葛藤《かっとう》があった。遣隋《けんずい》使《し》や遣唐使が持ち帰った最新の隋唐音は、日本人が知っていた呉音とは違うものであった。このことは、中国文明を急いで取り込もうとする日本の支配層を困惑させたはずである。特に、漢音を吸収しようとしていた律令政府と大学寮は、漢音学習を奨励した。延暦十一年（七九二）十一月には桓武《かんむ》天皇は勅を発し、明経《みょうぎょう》の徒は、呉音を学んではならず、漢音を学ぶよう督励した。

勅。明経之徒、不レ可レ習（呉）音一。発声誦読。既致二訛謬一。宜熟二習漢音一。

（『日本紀略《にほんきりゃく》』）

（解釈：勅する、明経の学生が呉音に慣れて訛《なまり》が甚だしい。漢音を自覚して学ぶ必要がある）

儒学を修める学生が呉音に訛《なま》った音で勉強したという。これではいけないということで、呉音の根元を断つことを目的として、翌十二年十二月に次のような命令を発した。

制。自今以後。年分度者。非㆑習㆓漢音㆒。勿㆑令㆓得度㆒。（『日本紀略』）

（解釈：命令する、これから以後、年間で僧侶資格を得ようとする者は、漢音を学ぶのでなければ得度させてはならない）

ついに律令国家は、呉音の牙城《がじょう》ともいうべき仏教界に対して漢音を強制し、統制を加えた。漢音を勉強しない限り、僧侶資格（当時は国家が認めた）を与えないとは穏やかではない。要するに呉音拡散の根元をせき止めたのである。しかし、結果的にこの統制策は失敗に終わった。それほどまでに呉音は仏教と日常生活に染みついていたからである。仏教は、経典読誦《どくじゅ》という儀式を離れては成立しない。経典読誦は、読誦音の体系的均質性を本質とする。天台宗《てんだいしゅう》では今も漢音で法華経《ほけきょう》や阿弥陀経《あみだきょう》を読誦することがある。天台宗に漢音を持ち込んだのは慈覚《じかく》大師円仁であるといわれる。(2) 天台宗の漢音は、奈良時代に来朝した漢音よりさらに新しいという意味で「新漢音」と呼ばれている。

如是我聞《にょぜがもん》　一時仏在《いちじぶつざい》　舎衛国《しゃえこく》～

という呉音読みに慣れきった耳には、

じょしがぶん　いっしふっさい　しゃえけき～

という漢音読みの読経音には違和感が伴う。

第二節　日本漢字音の音声の特徴

日本漢字音の特徴

漢語は、外来語である。特に古代では、漢語の理解と読み方は、中国文化に通じた知識人の専有であった。しかし、漢字と漢語の読み方を保存伝承するのは日本人であるので、日本語の影響を結局はまぬかれない。現代の外来語がもとの言語音声の影響を受けながら日本語音体系の中で日本語語彙として通用するのと同じく、漢字の音読みは、漢字原音そのままではなく日本語音体系の中で保持された。

とはいえ、もとは中国語であるから日本語に本来存在しない音声の特徴をある程度取り込まざるをえない。そのうちの重要な要素に注目して日本語音声の歴史とのかかわりを考えたい。

三内入声音とは？

日本語の特徴の一つは、音節が母音で終わる、というものである。これを開音節という。開音節からなる語で構成される言語は日本語のほかイタリア語がある。音節が母音で終わらない言語もある。英語では、cup［kʌ́p］、shock［ʃák］のように子音で終わる音節が幾つもある。これを閉音節という。日本語では子音で終わる音節がない。そのため、子音で終わる外来語を日本語に取り込む場合、shock は「ショック［shokku］」、cup は「カップ［kappu］」のように母音終わりに変形して使う。子音で終わる単語は、日本人には非常に発音がしにくい。

しかし、中古漢語には、-k -t -p をはじめ -m -n -ŋ 等、子音終わりの漢字があった。-k -t -p

で終わる漢字は「入声《にっしょう》」というアクセントの一種に位置づけられており、-k（喉内）、-t（舌内）、-p（唇内）の子音尾を持つ。これを三内入声音《さんないにっしょうおん》という。「三内」とは、密教の音声学である悉曇学の分類である「喉（口）・舌・唇」の基本的三調音を指す。漢語音韻学は、仏教とともに中国に伝来した悉曇学の強い影響を受けた。入声漢字には、基本漢字がたくさんあり、漢字修得において欠かすことができない。これには呉音漢音の違いはない。

まず、喉内音 -k の鎌倉時代以後の片仮名転写の例であるが、「ク」で表すことが多い。

覚（カク）、石（サク）、木（モク）、駱（ラク）、徳（トク）、黒（コク）、国（コク）、楽（ラク）、足（ソク）等々

次に挙げるのが舌内音 -t の仮名転写例である。「チ」あるいは「ツ」で表すことが多い。

褐（カチ）、纈（ケチ）、室（シチ）、筆（ヒチ）、逸（イチ）、鉢（ハチ）、仏（フチ）、埒（ラチ）、薩（サチ）等々

次に挙げるのが唇内音 -p の仮名転写例である。唇内入声音 -p は最初「フ」によって表記

されたが、後に「ウ」に替わって転写された（後述）。

雑（サフ）、葉（エフ）、甲（コフ）、塔（タフ）、蝶（テフ）、挿（サフ）、立（リフ）、執（シフ）、業（コフ）等々

「喉（ロ）・舌・唇」の三内入声音について古代において漢字音を習いたての日本人は、日本語に存在しない子音終わりの音節を忠実に発音しようとした。その痕跡が各地の地名表記に残っている。

伯・作 ㄱ韻尾

佐伯（さへき）、美作（みまさか）

葛・乙 ㄹ韻尾

葛飾（かつしか）、乙訓（おとくに）

答・甲・揖 ㅂ韻尾

答志（たふし）、甲賀（かふか）、揖保（いひほ）

「答（たふ）」「甲（かふ）」「葛（かつ）」「作（さか）」など地名に残るこれらの読みは、古代人がもともと日本語にない子音終わりの音-t -k -pを忠実に発音しようとしたことを利用して地名表記に充当したものである。入声韻尾だけでなく、「相-ŋ模（さがみ）」「印南-m（いなみ）」等の鼻音韻尾なども同様の表記法であり、後述する。

子音終わりの音節が次第に日本語化する過程で喉内入声音-kは「ク」、舌内入声-tは「チ」あるいは「ツ」、唇内入声-pは「フ」で転写するようになった。これらは、平安時代の終わりころには仮名表記どおりの母音を付けた発音をするようになった。「ショック［shokku］」や「キャッチ［kyacchi］」と同じである。唇内入声「フ」も奈良時代以前の唇内音-pで発音していたのが、次第にハ行子音の変化（p→f）とともにfu音に帰した。「立（りふ）」、業（こふ）」は、［rifu］、［gofu］と発音された。その結果、末尾音「フ」がハ行転呼音に巻き込まれた。「業（こふkofu→こうkou）」、「甲（かふkafu→かうkau）」と変化したのである。唇内入声音全体にハ行転呼音が生じたので、仮名表記も「甲（かう）、法（ほう）」のように「ウ」で表記されるようになった。

ところが、平安時代末以後、少なくない唇内入声音に奇妙なことが起こった。「執（しふ）、塔（たふ）、雑（さふ）、立（りふ）、法（ほふ）」をはじめ「接（せふ）、摂（せふ）、湿（しふ）」等の唇内入声音が舌内入声音-tに合流して「執（しつ）、雑（さつ）、立（りつ）、摂（せつ）」のように「ツ」表記に合流してしまったのである。これらの「ツ」表記は、もともと唇内音-pに由来する「フ」表記から見て間違っている。これがすべての唇内入声音に生じたのではなく、一部で生じた理由について、舌内-t音と合流した漢字には漢字一字とサ行変格活用動詞ス（接す、執す、摂す等）を構成する場合が多く、無声サ行子音sに常に接していたので、これに影響を受けて-u韻尾が-t韻尾へと間違った類推による誤修正を起こしたのではないかという。(3) このような現象を言語学で「誤った回帰」という。本来形を継承する「律《りう》す」「接《せう》す」より、「律《りつ》す」「接《せつ》す」のほうが正しいのだろうと気をまわし過ぎたのである。

「執（しつ）、雑（さつ）、立（りつ）、摂（せつ）」等の誤った修正形は、現代語でも保存され、「執権（しっけん）」「執行（しっこう）」「執務（しつむ）」「接遇（せつぐう）」等は、誤った修正形で読まれている。いっぽうで「執念（しゅうねん）」「執着（しゅうちゃく）」「我執（がしゅう）」等の本来的な読みもおこなわれている。「固執」は、「こしゅう」のほうが本来形である。しかし、慣用形の「こしつ」の読みが意味から見て頑固な感じを出しているせいか、そう読む人が多いようである。

同様の関係は、「国立（こくりつ）、立身（りっしん）」と「建立（こんりゅう）、立米（りゅうべい）」、「塔頭（たっちゅう）」と「塔（とう）」、「雑誌（ざっし）、雑念（ざつねん）」と「雑兵（ぞうひょう）」、「法度（はっと）、法被（はっぴ）」と「法学（ほうがく）、憲法（けんぽう）」等、いろいろある。

三内鼻音韻尾とは？

子音で終わる音節がない日本語に子音で終わる漢字を取り入れる工夫は三内入声音で見たとおりであるが、古代語では、鼻子音で終わる漢字を韻尾として取り込んだ痕跡も認められる。

三内鼻音とは、**-ŋ**喉内韻尾（「相、東」等）、**-n**舌内韻尾（「讃、信、文、銭」等）、**-m**唇内韻尾（「金、男、三」等）の三種類をいう。これら音節末の鼻音は、平安時代前半ころまでは発音し分けられていたらしい。これらは、「金［kim］」「三［sam］」／「信［sin］」「讃［san］」として自覚的に区別されていた。また、喉内鼻音**-ŋ**も漢字原音に近づけて、英語の**coming, running**の**ing**のように奥舌を口蓋に押しつけて発音していた。しかし、平安時代末期以後は、唇内音と舌内音が**-n**韻尾「ン」に合流し撥音として定着した。現在では「金（きん）」「信（しん）」「三（さん）」のように「ン」で表記されて、発音も区別がない。喉内音-ŋは、「相（さう）、東（とう）、喉（こう）」のように-u音に収斂し、日本語の音体系に溶け込んだ。漢字末尾で発音されていた三内鼻音の区別は、現代日本語には残っていない。

しかし、三内入声韻尾とともども三内鼻音韻尾が、平安時代前期以前には比較的漢字原音に近く発音されていたことは、現代語に残る熟語や地名人名に痕跡を残している。

-ŋ韻尾

相良（さがら）、相模（さがみ）、相馬（さぐま〔→さうま〕）、当麻（たぎま〔→たいま〕）、鳳至（ふげし）

-n韻尾

讃岐（さぬき）、遠敷（をにふ）、乙訓（おとくに）、員弁（いなべ）、因幡（いなば）、信濃（しなの）、引佐（いなさ）、丹波（たには）、難波（なには）、近衛（このゑ）、敦賀（つぬが〔→つるが〕）

-m韻尾

三位（さんみ）、印南（いなみ）、燈心（とうしみ）、陰陽（おんみょう）、奄美（あまみ）、

安曇（あづみ）

右の傍線末尾の鼻子音が古代の地名人名の表記に際して利用されたのである。(4)

開拗音とは？

もともとの日本語には存在せず、漢字によってもたらされた音声には拗音《ようおん》もある。拗音には口の開きに応じて開拗音と合拗音がある。

開拗音は、母音［a］［u］［o］の直前に位置する子音に半母音 y （［j］）が介入する音節であり、次のようなものである。

きゃ、きゅ、きょ　　ぎゃ、ぎゅ、ぎょ
しゃ、しゅ、しょ　　じゃ、じゅ、じょ
ちゃ、ちゅ、ちょ
にゃ、にゅ、にょ
ひゃ、ひゅ、ひょ　　びゃ、びゅ、びょ
みゃ、みゅ、みょ

りゃ、りゅ、りょ

開拗音は、漢字由来の外来音声として日本語音声に定着した。試みに右の開拗音表に従ってこれらを使う漢字を当ててみるとよい。全部できる人がいるかもしれない。私は「ビュ」を思い浮かべるのに苦労したが「（誤《ご》）謬《びゅう》」があった。「ヒュ」と「ミュ」は今のところ思い浮かばない。「日向（ひゅうが）」は「ひむか」由来の和語である。名古屋方言の「うみゃー（美味《うま》い）」、西日本方言の断定辞「じゃ」、終助詞「じょ、しょ、しゃ」等の融合音類は存在する。

開拗音は、音読みの仮名表記が定着した鎌倉時代の文献から現れる。親鸞《しんらん》（一一七三〜一二六二）自作の宗教讃歌である『三帖和讃《さんじょうわさん》』のうちの高田《たかだ》派専修寺《せんじゅじ》所蔵の「浄土和讃《じょうどわさん》」（書写は親鸞の弟子で専修寺第二世真仏《しんぶつ》）における開拗音の例を挙げる。(5)

成仏（シヤウフチ）、盲冥（マウミヤウ）、有量（ウリヤウ）、如来（ニヨライ）、称（シヨウ）、勝過（シヨウクワ）、聖衆（シヤウシユ）、算数（サンシユ）、補処（フシヨ）、衆生（シユシヤウ）

（専修寺蔵『浄土和讃』）

江戸時代には、出版が産業として成立し、版本の普及によって漢字文化が急速に大衆化した。その結果、開拗音は仮名二字の表記とともに日本口語の音体系に定着した。開拗音を「キャ」「キュ」「キョ」のように、「ヤ」「ユ」「ヨ」を小書きするのは明治以後の習慣である。後述の合拗音とともに拗音表記は、明治以後、西洋語系外来語の音訳の受け皿となる。

キャンプ、ショック、チャンス等々

先ほど漢字が見つけられなかった「ヒュ」「ミュ」も、

ヒュッテ（山小屋）、ミュンヘン、ミュージアム等々

の表記で立派に役立っている。

開音節への変形、拗音の取り込みによって、複雑な音節構造を持つ外来音も、明治以後は、大抵は片仮名転写できるようになった。漢字と外来語表記で機能拡大された片仮名は、外国語音を転写するのに非常に便利な存在となった。私たちは、外来語だけでなく外国語の文さ

え、簡単なものであれば片仮名で表現できる。

ハウドゥユドゥー　ミスタープレジデント（英語）
アンシャンテマダム　ジュマペル　ヤマダタロー（フランス語）

日本人の英語下手の原因に発音のまずさが挙げられる。日本人は英語化する前に、片仮名に転換する片仮名イングリッシュを使うからである。初級外国語教育では今でも片仮名を使う。学習者はあれが耳と目に刷り込まれてしまう。

私の経験では韓国人や中国人は発音が上手である。彼らは、英語母語話者の発音を直接耳に入れて記憶するのだと思う。

合拗音のいろいろ

合拗音は、漢字の頭の子音と母音の間に半母音wが介入する種類の音節であり、両唇を丸めるのでこのように呼ばれる。近現代の日本語では、「クヮ（kwa）」と「グヮ（gwa）」に現れる。鎌倉時代以前には、「クィ（kwi）・グィ（gwi）・クェ（kwe）・グェ（gwe）」もあった。

合拗音は、平安時代以後の漢字資料で確認できるようになるが、鎌倉時代の仏書にも合拗音の仮名書き例はたくさん現れる。先の「浄土和讃」における合拗音の例を挙げる。

光明（クワウミヤウ）、広大（クワウタイ）、願力（グワンリキ）
本願（ホンクワン）、*観経（クワンキヤウ）、月光（クワチクワウ）
帰命（クヰミヤウ）、還相（クヱンサウ）、化（クヱ・シテ）

*観経＝観無量寿経

『日葡辞書』においてもクヮ、グヮともに直音と区別して登録されている。

合拗音
Quanet（火熱）、Quangui（歓喜）、Quanmon（関門）、Quansat（観察）
Quanuon（観音）、Quanxocu（官職）、Fonguai（本懐）、Fonguan（本願）

直音
Canbat（旱魃《かんばつ》）、Canbun（漢文）、Candan（寒暖）、Canji（漢字）、Canmi（甘味）

Cannin（堪忍）

合拗音kwa, gwaは、比較的近年まで西日本を中心に使われていた。西本願寺《にしほんがんじ》（本願寺派）のホームページには HONGWANJI と表記されている。東本願寺《ひがしほんがんじ》（真宗大谷派《しんしゅうおおたに》）のホームページでは、Honganji となっている。関西学院大学《かんせいがくいん》の校章は KWANSEIGAKUIN となっており、関西大学《かんさい》は KANSAI Univ. である。小泉八雲《こいずみやくも》原作、小林正樹《こばやしまさき》監督の映画『怪談』（一九六四年）の英語題は KWAIDAN であった。カメラメーカー最大手のキヤノン Canon の社名の由来が「KWANON（観音）」であったことは、公表されている。

「観光（kwankoo）」「関心（kwansin）」「火事（kwaji）」「喧嘩《けんくゎ》（kenkwa）」「客観（kyakkwan）」等の発音は、中国地方方言話者か中国地方出身の年配者が昔使っていた。中央語では、右のような特殊な記憶を残す場合を除いて消滅したといってよいだろう。

合拗音は、平安時代に日本語に導入されて以来、二十世紀終わりに消滅したが、kwa gwa kwi gwi kwe gwe kwo gwo の諸音節は、発音することは可能であり、外来語（例：クェンティン・タランティーノ監督、ボー・グェン・ザップ国防相、クィンシー・ジョーンズ）等の外来表記の受け皿となっている。

以下に平安時代以降の漢字の音読みの変遷をまとめる。

平安時代の漢字音

三内入声韻尾

-k 賊・育・宿・毒ほか

-t 膝・奪・熱・哲ほか

-p 給・業・妾ほか

三内鼻音韻尾

-ŋ 重・相・喪ほか

-n 怨・昆・団ほか

-m 含・甘・厭ほか

開拗音

逆 gya・釈 sya・渚 syo 等部分的。

＊合拗音は定着していない。

鎌倉時代の漢字音

開拗音：格（キヤク）、巨（キヨ）、社（シヤ）、主（シユ）、序（シヨ）、呂（リヨ）ほか

合拗音：環（クワン）、火（クワ）、帰（クヰ）、化（クヱ）ほか

三内入声韻尾

喉内：角（カク）、育（イク）、毒（ドク）、木（モク）、国（コク）ほか

舌内：褐（カチ）、膝（シツ）、奪（ダツ）、哲（テツ）、仏（フチ）ほか

唇内：法（ハウ）、立（リウ）、執（シウ）、塔（タフ）、甲（カフ）ほか

（法被〔ハッピ〕、立命〔リツメイ〕、執行〔シッコウ〕ほか一部）

三内鼻音韻尾

喉内：相（サウ）、更（カウ）、重（チウ）ほか

舌内：讃（サン）、信（シン）、敦（トン）ほか

唇内：金（キン）、三（サン）、甘（カン）ほか

室町時代の漢字音

オ段長音の開合
開長音：oo 京・方・養ほか
合長音：ou 法・蝶・要ほか

第六章
近世の仮名遣いと古代音声再建
——和歌の「字余り」から見えた古代音声

第一節　近世古典学の実証的蓄積

近世ルネサンスの古典学

第三章において「鎌倉時代ルネサンス」に言及し、重要人物として藤原定家について述べた。だが、わが国には鎌倉時代ルネサンスをしのぐ規模の大きい文芸復興運動が存在する。それは、江戸時代、元禄期を中心とする「近世ルネサンス」である。近世ルネサンスは、江戸時代の経済的繁栄を背景にして、京・大坂を中心に、文芸、美術、演劇をはじめ、様々な分野で新しい潮流が起こった。古典注釈の分野でも中世の秘伝を排除した新しい実証的な方法が立ち上がった。

『万葉集』を古典の地位に押し上げた契沖『万葉代匠記』（一六九〇年成立）と賀茂真淵の万葉集注釈、偽書説が付きまとった『古事記』を精細な注釈によって信頼あるものとして位置づけた本居宣長『古事記伝』（一七九〇～一八二二年刊）は、いずれも近代的な古典注釈と評価しうる水準に達した。

彼ら近世古典学の最高峰の出身地が大坂、浜松《はままつ》、松坂《まつさか》という、京洛《きょうらく》の地から一定程度離れた地方都市であったことは偶然ではないだろう。それは、近世前半の学術の大衆化と文化の広域化の結果である。これは、中世以前にない現象であるが、貨幣経済を背景に、文化を全国に伝える血脈として現れた出版業の後押しがあった。それまで写本でしか読めなかった多くの古典テクストが印刷物として全国に広まった。その結果、古典注釈に地方出身者が参加できるようになったのである。

中世歌学の目標は、王朝歌文の解釈と王朝風歌文の制作にあり、その理念は、「みやび」という都の美的価値を旨とする都会的洗練にあった。したがって、中下級武士、農民、商人等、地方の新興知識層が都の美的価値の発信主体となることはなかった。庶民、地方人士は、上流歌学の秘伝の縁故に連なることができなかった。

そこで優秀な新興知識層は、当時未開の沃野《よくや》であった上代古典に着目し、権威主義的な秘伝に頼らず、堅い文献考証と合理的推論を元手に、優れた成果を挙げた。

地方の大衆的知識人を統合する理念は、貴族性の色濃い王朝のみやびではなく、「やまとごころ」「やまとだましひ」が喚起する民族主義であった。地方の大衆的知識人は、イザナギとイザナミの国生み神話やヤマトタケルの伝説（『古事記』）が浮かび上がらせるむき出しの性と暴力の描写を、民族と人間の野性として肯定的に把握した。「やまとだましひ」の発露に心惹《ひ》かれた若者たちは、今度は探求する者として、万葉仮名の森に分け入った。

近世古典学の中核は、優れた精度を持つ言語学的成果である。テニヲハ学では、本居宣長、春庭《はるにわ》親子が確立した古典古文の係り結びと用言の活用を柱とする古典文法を完成した。その成果は、現代の学校古典文法に継承されている。また、仮名遣いでは、王朝古典文芸の仮名綴りを伝承する定家仮名遣いが後で説明するように実証的方法によって批判され、上代古典を規範とした契沖と宣長の仮名遣い論が八世紀の仮名綴りと音声を再建した。国学者の仮名遣い論と古典文法論の蓄積は、明治以後の国語学の母体となった。

いっぽう、西洋文法学は、徳川吉宗《よしむね》による蘭学《らんがく》解禁の結果、オランダ語文法が学ばれた。その結果、西洋文法と国学文法が相互に影響しあうことによって、近代的国文法に生かされた。はじめての近代的辞書『言海《げんかい》』(一八八九年第一刷)の品詞分類には、蘭文法と国文法の知識が生きている。幕末までのわが国の言語学的知識は、明治の公文書行政、国語教育の近代的言語政策に生かされた。

本章では、音声の歴史的変化をはじめて認識した近世の仮名遣い研究の成果に注目し、それを現代の私たちが継承している実態を明らかにしたい。

契沖仮名遣いの衝撃

中世歌学の柱である定家仮名遣いを離脱した契沖の近世仮名遣いは、規範を天暦年間（九四七～九五七）以前の上代古典に置く、徹底して復古的な仮名用法である。定家仮名遣いが平安時代の勅撰集の古写本（旧草子）を規範にしたことに対して、契沖は上代文献に重きを置いたことに大きな違いがある。

契沖の仮名遣いは、『和字正濫鈔』（一六九五年）に著されている。その基盤は、はじめての『万葉集』の全巻注釈『万葉代匠記』にある。契沖は万葉注釈によって、伝えられる定家仮名遣い（実際に定家仮名遣いとして流布したのは『下官集』ではなく行阿『仮名文字遣』の諸版本である）と自ら実見した上代の仮名用法が食い違うことを発見し、『和字正濫鈔』を著した。契沖の語彙の掲出の仕方は、綴り字のモデルとなる単語を掲出して、併せて出典を示すというものである。一例を挙げる。

岺　万葉　を　山の尾なり。呼於　和名和泉《いずみ》国日根《ひね》郡郷名。神武《じんむ》紀に雄水門《をのみなと》。延喜式、男神社
土佐日記に、をつの浜、皆此所欤

右の「岺　万葉　を」とあるのは、『万葉集』では、山の「岺《みね》」を「を」ということがあ

るということを示している（例・木《こ》の暗《くれ》の繁《しげ》き乎《を》の上《へ》を（『万葉集』巻二十、四三〇五））。「呼《を》於《お》」は、和泉国日根野《ひねの》荘（大阪府貝塚《かいづか》市、泉佐野《いずみさの》市、泉南《せんなん》市ほか）の郷名として古文献（和名）に例があるという。「和名」というのは『和名類聚鈔』、「神武紀」とは『日本書紀』「神武天皇」のことである。『延喜式』は、延長五年（九二七）に完成した律令の施行細則を定めた書で、その巻九、神祇《じんぎ》九、神名上に「男《をの》神社」の記載がある。「呼於」近在の日根郡十座内の神社であるが、大阪府泉南市男里《おのさと》の「男神社《おのじんじゃ》」として実在する。引用されている『土佐日記』の「をつの浜」は青谿書屋本では、承平《じょうへい》五年（九三五）二月五日の条「をつのとまり」（和泉国）とあるところで、契沖は「皆、この近在の場所か」と考証している。

このように契沖は、典拠を挙げて語の綴りの正統性を明らかにしようとする。いっぽうで、定家の『下官集』や行阿『仮名文字遣』では、掲出語に典拠を挙げない。定家の権威だけが綴りの正統性の根拠であるというわけであろう。このような契沖の実証的な姿勢は、既存の歌学から冷ややかに無視され、『和字正濫鈔』は、出版として成功しなかった。

証拠を挙げて本当のことをいう人は、いつの世でも嫌われる。契沖の実証に共鳴して、その仮名遣いの普及に力を貸したのは、『和字正濫鈔』刊行の七十年後、下総《しもうさ》の国学者楫取魚彦『古言梯』（一七六四年）である。出版物として『古言梯』は成功したが、これは契沖にとっても慶賀すべきことであった。

契沖の仮名遣いは、雅語の綴りの正統性の根拠を、定家のいう「旧草子」から上代文献に移した。これによって中世仮名遣いは事実上否定された。例えば、『下官集』所載の「を」「お」の綴り例では、「(を)をとは山、をくつゆ」、「(お)おしむ、おきのは、花をおる、時おりふし」の諸例が古文献では「を」と「お」の仮名ちがいである。これでは、定家仮名遣いは使い物にならない。

契沖の実証的な仕事は、やがて来る宣長の仮名遣い論をはじめとする近代科学への道筋を真っすぐにする功績があった。さらに契沖仮名遣い論の注目すべき転回点として、仮名遣いの説明原理として従来おこなわれてきたいろは歌に替えて、五十音図を採用したことが挙げられる。五十音とはいえ、ヤ行の「い」と「え」、ワ行の「う」は、自前の仮名が存在せず、実際は四十七音図であり、いろは歌と字数が同じである。この点に注目した契沖は、いろは歌と五十音図が本質を共有するものとして、仮名遣いを五十音図で説明した。それまで「いろはのい、うゐの奥山のゐ」などと説明されていたのが、ア行の「い」、ワ行の「ゐ」と説明できるようになった。さらに、五十音図は、縦軸に同じ子音、横軸に同じ母音を配列したもので合理性を備えている。

「五十音図」とは、契沖の命名であり、それ以前は、「五音《ごいん》の図」「直音拗音の図」などと用途に応じて呼び分けられていた。契沖が『和字正濫鈔』で提案した音図は、古代日本語の過

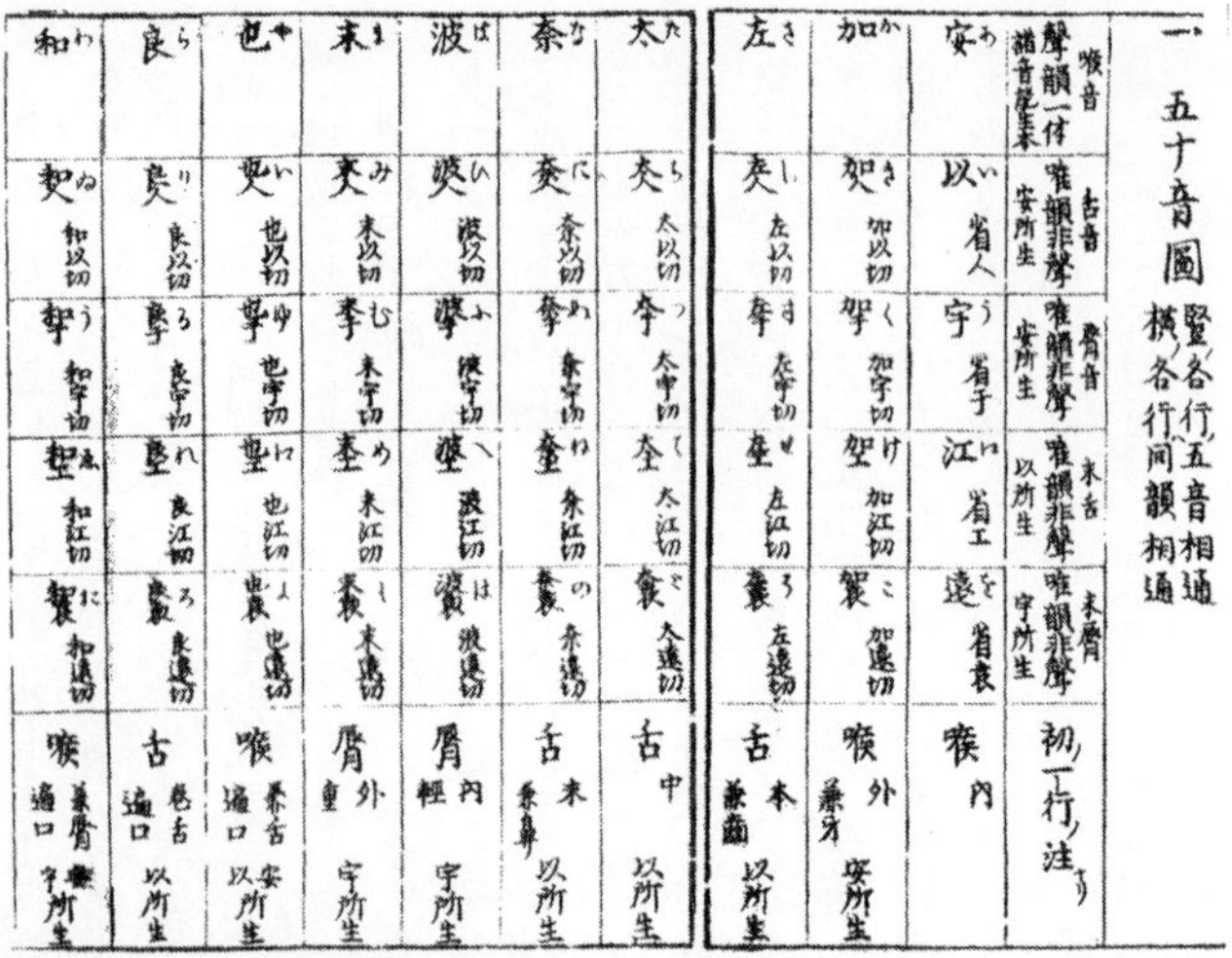

契沖の五十音図　ア行「を」、ワ行「お（ゐ）」と入れ違いに配されていることに注意（『和字正濫鈔』より）

不足ない配当図としての五十音の図という意味での「五十音図」である。従来の様々な音図は、契沖が意図した日本語の、それも古代音図ではなく、悉曇の神秘を表したものか、中世以後は漢字音の理念を示したものであった。上に示すのが『和字正濫鈔』所載の古代日本語音を表した「五十音図」である。

契沖の五十音図において注目すべきは、ア行音に「を」、ワ行音に「お」を置いて、今の五十音図から見て入れ違いに配置している。「を」「お」が入れ違いに配置されたのは、鎌倉時代に「お・を」が WO に合流したことに加えて、「お・を」を使う語彙が多く、行所属に混乱を生じて悉曇学の音図が本来の配置を誤って伝えたことに始まる。この配置を平安時代のもとの図に修復、是正したのが本居宣長である。このことは後述する。

いまでは五十音の順序を知らない日本人はいないので、大方の人はこれが純日本製であることを疑わない。しかし音図のもとになる五音は、日本製ではなくインド製である。

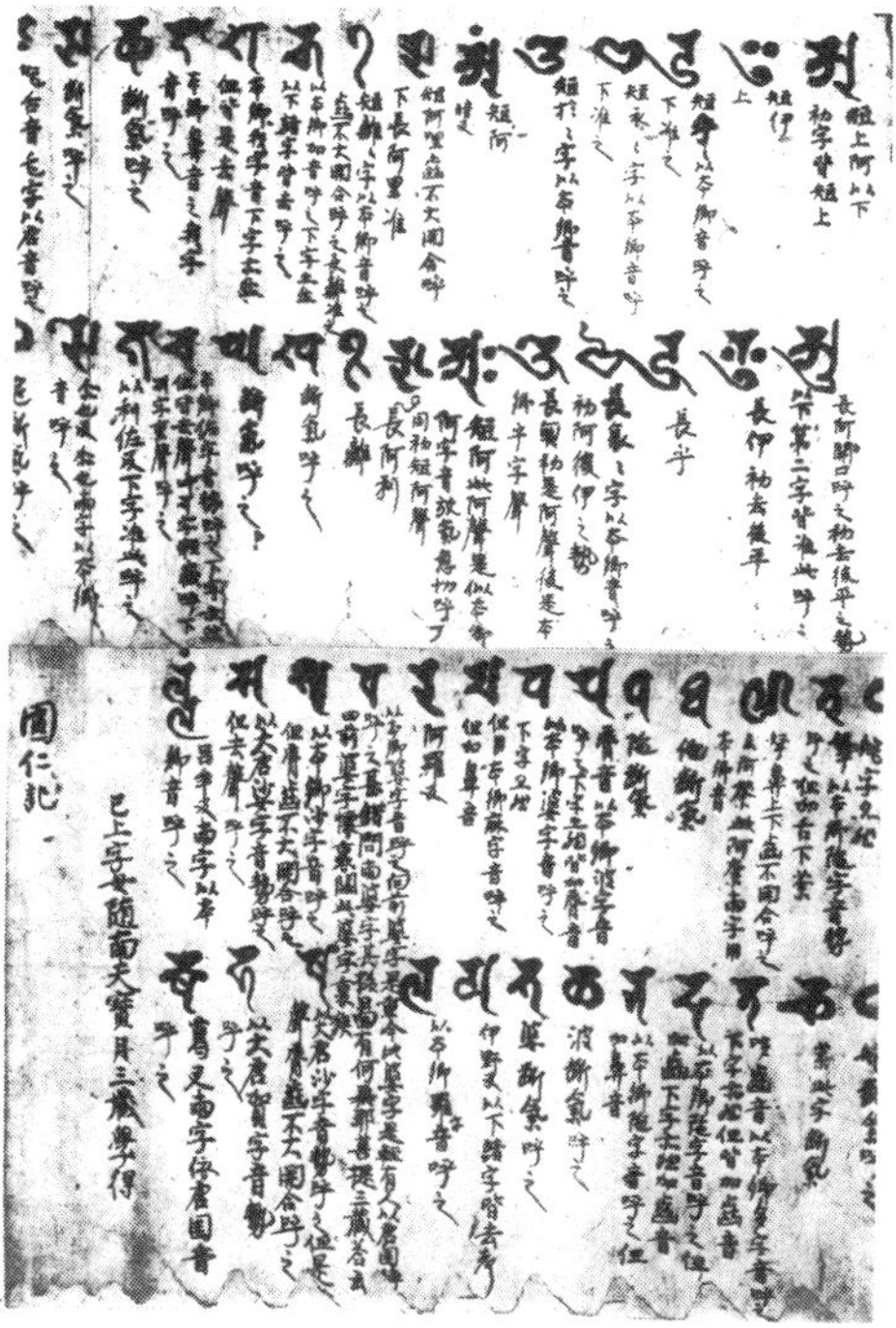

『在唐記』（『梵字貴重資料集成図版篇』東京美術より）

五音を日本に最初に持ち込んだ円仁は、唐においてインド人僧宝月三蔵から口伝を受けて梵音を詳細に書き留めて持ち帰った（『在唐記』）。これがわが五十音図の原形である。『在唐記』において、円仁は、宝月三蔵の発する古代インド語（サンスクリット）音声である梵音を、

a i u e o　ka sa ta na pa ma ya ra wa　（以上は梵字）

のインド由来の順に並べて、それぞれの発音の仕方を日本の万葉仮名「阿伊宇衣於、加我沙佐他陁波婆麻羅」の発音と対照して記述している。『在唐記』の梵音の順序が現代の五十音図に継承されているのである。

以来、真言・天台の密教が伝えた五音は、日本語と関係なく宇宙万物を構成する神秘な音の配列図であって、これこそ密教的「真言」にふさわしいものであった。真言僧であった契沖は、当然のことながら五音と五音の図に通じていた。

契沖が密教のインド的五音を古代日本語音声の過不足ない配当図（すなわち五十音図）に位置づけて仮名遣いを説明したことで、驚くべき実態が浮かび上がった。すなわち、定家仮名遣い以来、語の綴りで混乱をきたす仮名（括弧付き）を音図上に並べると、

あ（い）う（え）（を）

は（ひ）ふ（へ）（ほ）

わ（ゐ）う（ゑ）（お）

のように、規則的な分布を見せる。子音と母音を規則的に配置した五十音図上に、混乱する仮名群が規則的に並ぶのである。これらの仮名の規則的分布は、「古代日本語音の過不足ない配当図」という五十音図の主旨から見て古代音声と無関係であるはずがない。十七世紀末当時「い・ゐ」「え・ゑ」「を・お」は、それぞれ同音であった。そのいっぽう、音図上で規則的に別々の位置が与えられるこれらの仮名群は、古代では別々の音を背負っていたのではないか、という極めて自然な推測が浮かび上がるのである。

仮名遣いとは、定家仮名遣いが伝えてきたような綴りの稽古ではなく、本質的に古代音声の仕組みの問題だった。契沖は、仮名遣いを五十音図で説明することによって、単純な綴りの稽古から古代音声再建の学理へ転換したのである。

喉音三行弁――ア・ヤ・ワ行の古代音

契沖仮名遣いは復古主義といわれるが、契沖の規範の選択が復古的であるのは、古いものこそが本来的なものであるとの考えからである。

「五十音図」の命名には、契沖の理念が反映している。五十音図の実際の字数は五十ではなく四十七である。これは、ヤ行「い」「え」とワ行「う」の仮名が欠落しているからである。契沖は、五十音図の、欠落する三字分の背後にも理論上しかるべき音声があったと考えた。だからこそ「五十音」なのである。

ヤ行ワ行にア行を加えた三行を近世の音韻学では、「喉音《こうおん》」と呼ぶ。ア・ヤ・ワ行を発音する際に喉で調音すると解釈されたのである。この三行の理論上の再建音声を「喉音三行弁《こうおんさんぎょうべん》」という。「喉音三行弁」は、契沖のあと、彼の仮名遣い論を継いだ本居宣長『字音仮字用格《じおんかなづかい》』（一七七五年）が使った用語であるが、考え方は契沖が始めた。

近世仮名遣い論は、

あいうえを
や□ゆ□よ
わゐ□ゑお

の一見不整合な喉音三行の古代音の推定をめぐって展開した。「喉音三行弁」によって、近世の仮名遣いの目標は、綴りの稽古を超えて古代語音声再建に転換した。

契沖仮名遣いの主たる観察対象は、奈良時代以前の万葉仮名である。万葉仮名が反映する音は隋唐中古音である。その音声は、伝統の音韻学では反切によって規定した。そこで契沖は、五十音図に配置された古代語の音声を正統的方法に従い、反切によって説明しようとした。契沖の「五十音図」をいま一度参照されたい。五十音の各項目が反切によって示されている。例えば「き　加以切」、「こ　加遠切」のように、一つ一つの音を反切を通じて音と韻に分析し、古代音声を再現している。

しかし、反切は、音節文字によって音節文字を説明する抽象性をまぬかれず、実際にどんな発音だったのかというリアルさに欠ける。すでに序章でも述べたように「「東」の発音は、「徳」の（子）音と「紅」の（母）韻をジョイントしたものだ」と説明されても、実際の発音をなかなか想像できない。この点が音素文字であるローマ字や発音記号との差であって、漢語音韻学が二十世紀に西洋の音声学の後塵を拝した理由である。

契沖は漢字反切によって「喉音三行弁」を説明しようと試みたが、結局うまくいかなかった。このあと、京都の音韻学者文雄《もんのう》（一七〇〇～六三）は、反切ではなく、『韻鏡』の概念である口の開きの程度を表す「開合」によって説明を試みた。しかし、「以（い）」と「為（ゐ）」、「衣（え）」と「恵（ゑ）」の別は「開・合」で説明できたが、「乎（を）」と「於（お）」は「乎・於」ともに『韻鏡』では「開」音に属したので、両音の区別の根拠が最後まで説明できなかった。漢語音韻学の教条をもってしては、喉音三行弁論は土壇場で暗礁に乗り上げたのである。ここに至って、問題の解決に乗り出したのが本居宣長である。

第二節　本居宣長の仮名遣い論

宣長『字音仮字用格』

契沖仮名遣いは、保守派の上流歌学からの陰険な無視にさらされたが、それでも実証の力によって、楫取魚彦『古言梯』が語の綴り方の提案の側面を継承した。他方、契沖仮名遣い論の古代音声再建の側面を、宣長『字音仮字用格』が継承した。「字音」とは漢字の音読みのことである。字音の仮名遣いとは、漢字の音読みの仮名遣いのことである。『下官集』以来、『和字正濫鈔』まで、仮名遣いの対象といえば文芸的価値の高い雅語、和語と決まっている。そのうえ、何ゆえ漢字の音読みの規範が必要なのか。

まず、十八世紀後半当時には、漢字の音読みの綴り方が全く定まらなくなってきたということがある。漢字の音読みはもともと知識人の専有である。漢語は外来語だからである。

しかし、時代は変わり、江戸時代になると漢字漢語の情報は、水を貯《た》めた屋根裏の天井が破れるように大衆レベルにほとばしり出た。その証拠は、この時期、盛んに出版された大衆向けの読み物の実態に表れている。十八世紀以後盛んになった木版印刷の大衆的読み物には多くの漢字が使われ、そこには音訓の振り仮名が付された。次の井原西鶴《いはらさいかく》『世間胸算用《せけんむねさんよう》』（一六九二年）の版面の一部を見られたい。

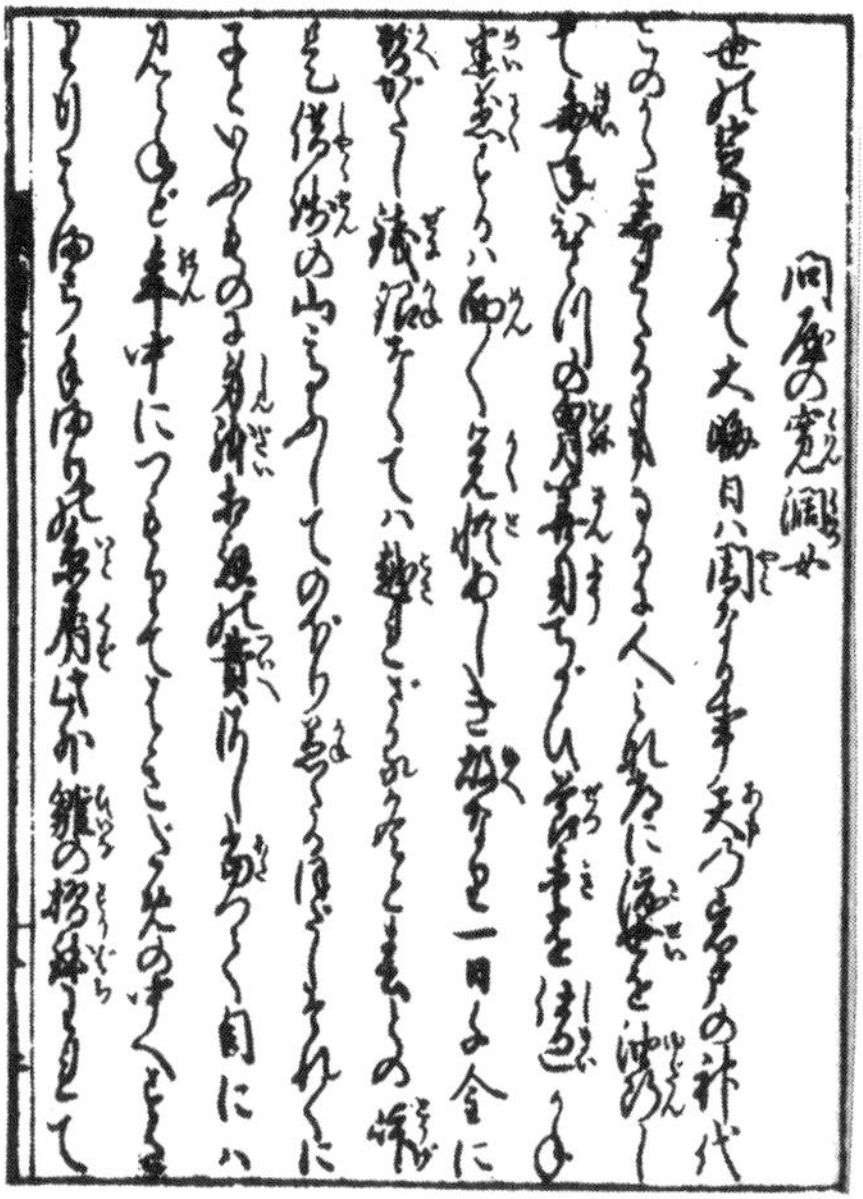

『世間胸算用』巻一、一

この版面で用いられている漢字と振り仮名は、「寛濶《くはんくはつ》」「闇《やみ》」「天《あま》」「渡世《とせい》」「油断《ゆだん》」「毎《まい》年」「胸算用《むねさんよう》」「節季《せつき》」「仕廻《しまい》」「迷惑《めいわく》」「面《めん》々」「覚悟《かくご》」「故《ゆへ》」「替《かへ》がたし」「銭銀《ぜにかね》」「越《こさ》れ」「峠《とうげ》」「借銭《しやくせん》」「兼《かね》たる」「身《しん》躰《だい》」「費《ついへ》」「当《あた》つて」「年《ねん》中」「糸《いと》屑《くず》」「雛《ひいな》」「摺鉢《すりばち》」と、音訓にわたって施されている。ここで注目されるのは、西鶴が施した漢字の音読みの実態である。

『世間胸算用』に使われる漢語の音読みの振り仮名（括弧に入れた）を例にとると、先の例の「寛濶（くはんくはつ）」をはじめとして、

観音（くはんおん）、勧進（くはんしん）、千貫（せんくはん）、大願（だいぐはん）、外聞（ぐはひぶん）

のように、kwa gwa の合拗音を「くは」「ぐは」と、ほぼハ行転呼音に類推して読み仮名を施すという「誤った回帰」を起こしている。これは、「川（かわ）」「妙（たえ）」の発音と読みも、正しく書けば「かは」「たへ」となるように、「大願（たいぐわん）」「勧進（くわんしん）」も正しく書けば「たいぐはん」「くはんしん」となるはずであると気をまわし過ぎたため生じたものである。

さらに西鶴本についていえば、「京（きやう）」は、『好色一代男《こうしょくいちだいおとこ》』（一六八二年版本）では「京都（きやうと）」と表示される。しかし、『世間胸算用』では「京都（きようと）」となる。「当（たう）」は、『好色一代男』では「当座（たうざ）」「勘当（かんだう）」と「当見（とうけん）」「当惑（とうわく）」と同じテクストで揺れを見せる。舌内韻尾 -n（信（しん））と唇内韻尾 -m（心（しむ））の区別は、「信心（しんしん）」「道心（とうしん）」「欲心（よくしん）」のように「ん」表記に収束している。西鶴テクストの音読みに秩序と統一を求めようとしても、相当に滅茶苦茶《めちゃくちゃ》である。要するに、鎌倉時代には存在した音読みの綴りの体系的使用は、訓読みともども西鶴テクストでは崩壊している。

しかし、和語である訓読みの仮名遣いは、既存の仮名遣い書という参照源があるが、音読みにはそれがない。第五章で述べたように、鎌倉時代には漢字の音読みを仮名で安定的に記すようになっていた。これは、入声韻尾（「執」-p、「結」-t、「客」-k）、鼻音韻尾（「信」-n、「南」-m、「相」-ŋ）等の子音終わりの音節や拗音（「成」-yau「勝」-you「観・関」kw-「願・元」gw-）等の、もともと日本語にない音がようやく日本語音体系になじんだ結果である。こうして、鎌倉時代に音読みの仮名表記が確立したのである。

だが、室町時代には、オ段長音の開合の混乱、「じ／ぢ」「ず／づ」の四つ仮名の混同、合拗音 kwe kwi gwi の消滅等の音変化が字音読みを混乱に巻き込んだ。このような時期に、音訓混ぜこぜの漢字文化が大量の出版物とともに大衆レベルに降りてきたのである。

このような混沌《こんとん》とした事態は、ある程度の知識を備えた作者はもちろん、出版元を大いに困らせたに違いない。出版市場は、字音仮名遣いの基準を求めていた。宣長の『字音仮字用格』の序文には、このような推測を裏付けるような記述が存在する。現代語訳を次に挙げる。

漢字音は鳥のさえずりのような中国語の発音をまねたものであり、皇国の雅な発音とは似ても似つかないものなので、漢語は古代では歌に詠むにも汚く卑しく、雅な和語と交えて用いられることがなかった。しかし、次第に日常談話をはじめ文芸作品にも紛れ込んで、汚いとも外国由来の音とも感じなくなって、最近では半分以上の言葉が漢語になっている。今では字音の仮名用法を知らないと書記生活が成立しなくなってきたが、それを解明した書物がまだ存在しない。

（『字音仮字用格』「字音《もじごえの》迦那豆訶比《かなづかい》乃《の》序《はしがき》」）

日本漢字音と字音仮名遣い

宣長がいうように、漢字と漢字文化が大衆レベルに拡大している以上、漢字を使わざるをえない。そこでは漢字の音読みの仮名遣いの基準が求められた。『字音仮字用格』は、表向きその需要に応える形で出版されたのである。これが同書をめぐる第一の状況である。しかし、宣長の真の意図はもっと深いところにあった。

宣長の仮名遣いの規範は、契沖に倣って上代語にある。しかし、上代文献に漢字の音読みの仮名例は存在しない。平安時代以前の漢字音を表示する仕方は、反切か、あるいは「沫、末音（「沫」の発音は「末」と同じ）」のような類音表示であった。音読みの仮名遣いの規範を上代に求めたい宣長は、奈良時代の漢字音を推定する根拠を、『韻鏡』によって定めようとした。『韻鏡』は、隋唐中古音の関係を図表化した書物で、江戸時代に盛んに出版されていた。

いったい、宣長は上代の漢字音をどのようにとらえていたのか。上代の漢字音は、上代の中国原音そのままに通用したのか。宣長は、そうではないと考えた。右の序文のように、宣長は民族主義者として、古代日本語を最も美しい言葉と考え、中国語を鳥のさえずり同然の汚い音声と軽蔑《けいべつ》していた。しかしこの排外的な思想が結果として宣長を学問的に妥当な認識に導いた。というのは、宣長が当時の音韻学者がたどり着けなかった「日本漢字音」の概念を獲得したからである。宣長は、古代の日本人が漢字原音をそのまま受け入れたのではなく、原音を日本語の音に近い形に加工して用いたと考えた。これが日本漢字音である。この考え方は現在定説として受け入れられている。これは現代の英語系外来語（ショック、キャッチほか多数）が原音そのままではなく日本語の音体系に加工されて、日本語語彙として使われているのと同じである。

上代日本漢字音は、日本語音体系の中に存在している。この優れた発想に基づいて宣長の仮名遣い論が構成されている。『字音仮字用格』は、冒頭に「喉音三行弁」と「おを所属弁」の二章を置いている。前者については近世仮名遣い論の最も重要な考え方である。「喉音三行弁」は、宣長以前に契沖や文雄によって、漢語音韻学の概念（反切および開合）を用いた説明が試みられたが不調に終わっている。そこで、宣長は喉音三行弁について単独母音のア行音を基本軸に考えた。そのことは、次の『字音仮字用格』所収の「喉音三行分《ぶん》生図《しょうず》・喉音軽重等第図《きょうちょうとうだいず》」を見れば理解できる。

「喉音三行弁」は、ア・ヤ・ワ三行の古代音再建のための概念である。三行とあるのは、本来五十音図に由来するからである。宣長は、彼の仮名遣い論の要点が喉音三行の再建にあると考え、五十音図の中からア・ヤ・ワ三行に焦点を当てた。

もともと五十音（図）は、悉曇学に由来し、「アイウエオ」「カサタナハマヤラワ」の順序はインドからもたらされた。宣長は、古代日本音声を考える際には、この順序に従う義理はないと考えた。そこで、「ア・イ・ウ・エ・オ」に替わって、口の開きの程度（等第）すな

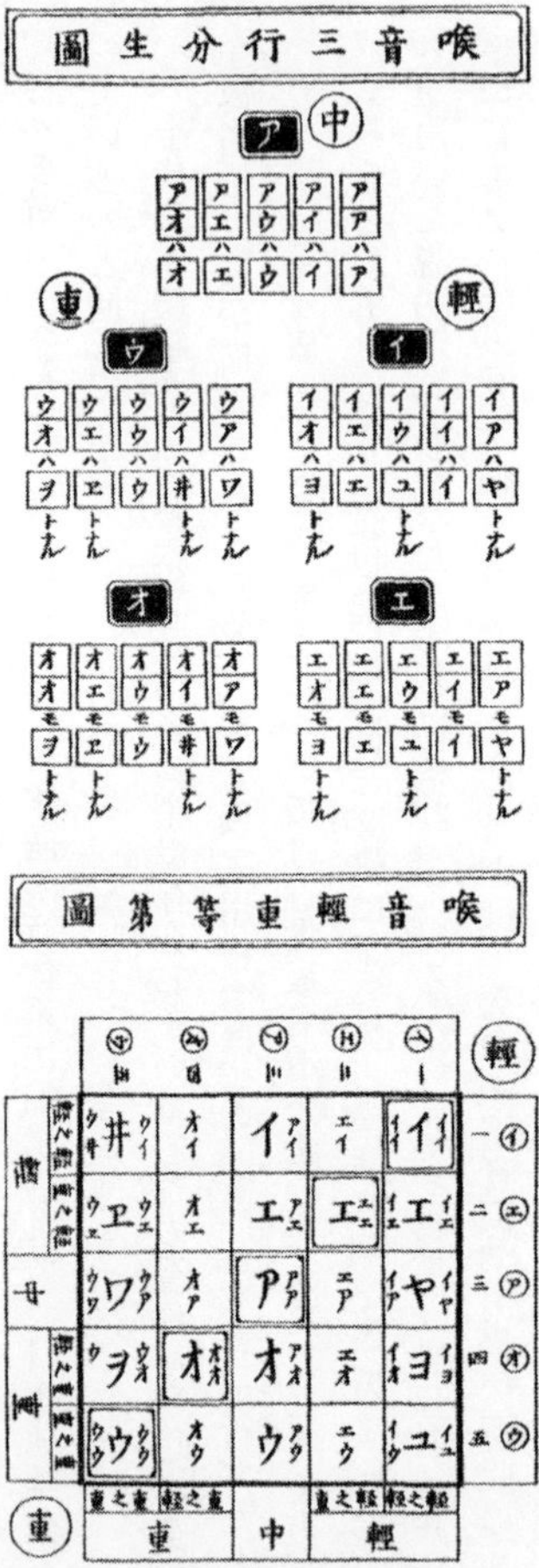

喉音三行分生図・喉音軽重等第図
（『字音仮字用格』より）

わち「軽重」による独自の「イ・エ・ア・オ・ウ」の順序を設定した。「等第図」下方の注記に、「右ヨリ左ヘ斜ニいえあおうト下ル者是レ五音ノ正位ナリ」とあるのは、この考えを表している。さらに注して「一二三四五ハ竪横《たてよこ》共ニ軽ヨリ重ニユク序也」とする。

対するに「分生図」は、ア・ヤ・ワ行音の生成過程を記述したもので、喉音三行の発音が、単独母音二個の音が融合して出来上がったことを表している。ヤ行音「ヤ・イ・ユ・エ・ヨ」とワ行音「ワ・ヰ・ウ・エ・ヲ」がリアルに再現されている。音節を子音と母音に分離できない中で、宣長は、既存の仮名を駆使して上代語のア・ヤ・ワ三行が、

あいうえお	a　i　u　e　o
や□ゆ□よ	ya yi yu ye yo
わゐ□ゑを	wa wi wu we wo

の発音体系であったことを表現したのである。苦心の作というべきであるが、ローマ字とIPAを知る私たちにとっては、この二つの図は歴史上の意味を持つにすぎない。

ところで、宣長は、「ア行音（アイウエオ）が単独母音の行である」という今の私たちと同じ認識をどうして持つことができたのか。このような疑問を発する理由は、五十音図のア行

音が単独母音であるという認識は、歴史的に見て安定的なものではないからである。このことは、これまで本書を読まれた読者は、お分かりであろう。院政・鎌倉時代に、「お・を」が合流して「を(wo)」に帰してから、ア行の単独母音「お(o)」は消滅した。また、平安時代はじめにア行「え(e)」とヤ行「延(ye)」さらにワ行「ゑ」が合流して「え(e)」に帰したはずであったが、実際の発音は**ye**であった。キリシタン資料においても**Yeru**(選《え》る)、**Coye**(声)等、「え」「ゑ」は**ye**に統一して表記されていることから、このことが推測される。現代語でも私たちは、「映画(えいが)」「公園(こうえん)」の「え」を母音音節と思っているが、実際の会話では、

A:これいくら?
B:二千円です。
A:円安のせいですね。

における「円」は、文の頭に立つ場合(「駅に着く、餌《えさ》をやる」等)において、自然に半母音の**y** [j](入り渡り音という)を発することがある。その結果、[eki] [esa] と言ったつもりでも、[yeki] [yesa] と聞こえている可能性がある。この**y**音を私たちは自覚していない。

英語ではそれを反映して「円」はyenと表記される。

音声の歴史的研究が語るところによれば、元禄期ころまでの中央語のア行音は、

あa　いi　うu　えye　を（お）wo

であった。十八世紀はじめの大坂人契沖は、この音体系を持っていた。契沖より九十歳年少の伊勢人宣長は、後述するように、

あa　いi　うu　えe　おo

の、現代語と同じア行音系を保持していたことが判明している。これは、皮肉にも平安時代以前のア行音に復帰する変化である。

平安時代初期の音図では、ア行音は「アイウエオ」の字序で並んでいる。次に示すのは最も古い時期の音図である明覚《みょうがく》（一〇五六〜没年未詳）著『反音作法《はんおんさほう》』（一〇九三年）である。

アイウエオ　カキクケコ

ヤイユエヨ　サシスセソ
タチツテト　ナニヌネノ
ラリルレロ　ハヒフヘホ
マミムメモ　ワヰウヱヲ
初アイウエオノ五音者是諸字ノ通韻也
ア字ハカヤサ等ノヒ、キナリイ字ハキイシ
等ノ韻也オ字ハコヨソ等ノ韻字也

右の「初アイウエオノ五音者是諸字ノ通韻也」の記述は、ア行音（アイウエオ）が単独母音であったことを示している。

鎌倉時代に入り、「お・を」が wo に合流し、音図の世界では wo がア行かワ行か判別がつかず、収拾がつかなくなった。そこに高野山《こうやさん》の悉曇学の大家である東禅院心蓮《とうぜんいんしんれん》の音図が、ア行ワ行ともに、「アイウエヲ」というように「ヲ」字にまとめてしまった。東禅院流音図のもとになった『悉曇相伝《そうでん》』（建久《けんきゅう》十年〔一一九九〕）を挙げる。

アイウエヲ

口カ口キ舌ク脣ケコ
舌サ口シ舌ス脣セソ
舌タ口チ舌ツ脣テト
脣ハ口ヒ舌フ脣ヘホ
口舌ヤ口イ舌ユ脣エヨ
舌ラ口リ舌ル脣レロ
脣マ口ミ舌ム脣メモ
舌ナ口ニ舌ヌ脣ネノ
口脣ワ口ヰ舌ウ　ヱヲ

右の音図の冒頭のア行「アイウエヲ」は、本図では別扱いで図の右上に寄せて記される。調音注記もない。これは、悉曇学でア行音がすべての音を生成する基本的な音であるという認識を示すものである。「口」「舌」「脣」の注記は、悉曇学の調音分類で、すでに前章で述べたように、これを「三内音」という。

心蓮は、当時、合流し、混乱していた「お・を」の行所属に苦慮し、「お（オ）」の使用をやめてア行ワ行ともに「ヲ」で表したのである。心蓮以後の悉曇家がこれに倣い、ア行ワ行とも「を」とするか、あるいはア行「を」、ワ行「お」と差し違えて配置した。以来、この配置が数百年続いた結果、契沖の五十音図もこれに従ったのである。

契沖よりはるかに年少の宣長は、契沖と違い、現代人と同じく単独母音のア行音「a i u e o」の持ち主であった。「え(ye)」「お・を(wo)」が単独母音に変化して、偶然にも平安時代のア行音に復帰していたのである。

古代和歌の字余りの法則

宣長の音体系をそのように判断するのには理由がある。それは、彼が古代和歌(短歌)の字余りの法則を発見したことである。五音と七音からなる五七調の定型句の字余りとは、六音と八音の不整句である。『字音仮字用格』によれば、『万葉集』や『古今和歌集』の古代和歌の字余り句には、必ず一つは「あ」「い」「う」「お」の仮名が含まれるという。次に『万葉集』の字余りの例を挙げるが、傍線部分が字余りを生じている句である。

月立ちてただ三日月の眉根《まよね》かき気長く恋し君にあへるかも

(『万葉集』巻六、九九三、大伴坂上郎女《おおとものさかのうえのいらつめ》)

あ

い　熟田津《にきたつ》に船乗りせむと月待てば潮も叶《かな》ひぬ今は漕《こ》ぎいでな

（巻一、八、額田王《ぬかたのおおきみ》）

う　波のうへに浮き寝せし宵率《よいあど》もへか心悲しく夢《いめ》にみえつる

（巻十五、三六三九）

お　たる姫の浦を漕ぐ船楫間《かじま》にも奈良の我ぎ家を忘れておもへや

（巻十八、四〇四八、大伴家持《やかもち》）

宣長は、これらア行の母音音節が入った字余り句を口唱しても詠み上げづらくないという。それは、句中の単独母音を省略したり、縮めて発音したりできるために、詠み上げる際の五七調のリズムが損なわれないからである。単独母音音節は子音がないぶん、多少縮めて発音することができる。「今は漕ぎいでな」を「今はこぎでな」、「波のうへに」を「波のへに」のように発音しても歌の趣は壊れない。この字余りの法則は、平安歌人も記憶していたようで、勅撰集のほか『源氏物語』のような物語の和歌でも守られており、八代集では時代が下るまで順守されている。宣長の発見した古代和歌の字余り法則は、以後忘れ去られた。学問的にこれが再発見されたのは第二次大戦後になってからのことである[1]。

奈良時代の単独母音であるア行の「あ・い・う」とともに「お」が字余り句に参入している。宣長によれば、この事実は、「お」がア行仮名に属することを示すものである。「を」が入る古代和歌は、字余りを起こさない（例：「潮満ち来れば潟を無み」「我は無き名のをしければ」）。これは、「を」の古音がwo（すなわちワ行）なので、半母音wが邪魔をして句中で省略したり、縮めて発音したりできないからである。このように「を」は字余りを許さず、「お」がこれを許すことは、「お」が「あ・い・う」と同じ単独母音の［o］であったからである。

これは実にもっともな話で、契沖音図を含めた従来の音図の「お・を」の所属が間違っていたのである。ここで、宣長は、鎌倉時代の錯誤以来六百年ぶりに音図の「お・を」の行所属を修正した。今と違い、名刹《めいさつ》古刹《こさつ》に蔵される音図を閲覧する機会などなかった時代に、上代古典の流布版本の考証と合理的推論だけを頼りに古代和歌の字余り法則を発見し、それをもとに音図の「お・を」の行所属の修正にたどり着いた手際は、驚異的と評価するにふさわしい。

しかし、宣長には幸運な点もあった。それはすでに述べたように、十八世紀後半の近畿方言が古代以来のア行音の単独母音音節を回復し、宣長自らも単独母音のア行音の持ち主だったからである。宣長は、自らの発音を手掛かりにして古代和歌の法則と音図の修正をおこなうことができた。宣長は、契沖の音体系である「あa　いi　うu　えye　をwo」から、現代語と同じ、

あa　いi　うu　えe　おo

の音声を獲得していた。であるからこそ、和歌の字余り例に基づいて古代のア行音を単独母音として洞察できたのである。なお、契沖が持っていた中世以来の音体系は、現代語では長野県木《き》曽《そ》御岳《おんたけ》山麓《さんろく》の旧開田《かいだ》村（現長野県木曽郡木曽町開田）方言に残存している[2]。

宣長は、自らのア行音（単独母音）の発音に対する内省と観察という「幸運な先入観」を得て、古代和歌の字余りの法則に至った。宣長は、このア行音の認識を基軸に喉音三行弁論を作り上げた。その結果、古代語のヤ行音とワ行音は、ア行音からの類推によって、

喉音三行弁

あいうえお　　a　i　u　e　o

や□ゆ□よ　ya yi yu ye yo
わゐ□ゑを　wa wi wu we wo

の再建が実現したのである。これが先に述べた「喉音三行分生図」の意味するところである。右の図の□部分の仮名文字のない欠落にも立派な音声の存在場所があった。文字に綴るより前の古代日本人の声こそが宣長の追い求めたものであった。

こうして宣長が生きた十八世紀後半以後の日本語の音体系は、おおむね現代語と同じような状態となった。中世以前の音特徴は、その都度触れたように一部の方言において保存され、歴史的音声研究の資料を提供している。

字音仮名遣いと古代日本語音声

以上のように喉音三行弁論は、奈良時代の万葉仮名の裏付けをなす日本語音声を、漢語音韻学を利用して復元しようとしたが、反切、開合という音韻学による説明は失敗した。宣長は、最後まで未解決であった「お・を」の区別に関して、漢語音韻学ではなく「軽重」という日本語独自の考え方で乗り切ったのである。喉音の「三行分生図」と「軽重等第図」にあるように、口の開きの軽重（「イ・エ・ア・オ・ウ」の「ア」を基点に「イ・エ」が軽、「オ・ウ」が重に拡がる）によって発音を推定した。『字音仮字用格』中に示された「喉音三行弁」に基づく字音仮名遣いの書き分けの例を幾つか挙げよう。

い	i	伊・以・異・易	いむ	因・姻・印・引・胤・音・飲・陰
ゐ	wi	為・韋・偉・委	ゐむ	韻・隕・員・院
え	e	哀・愛・衣・依	えむ	煙・宴・燕・塩・炎・厭
ゑ	we	恵・穢・回・会	ゑむ	遠・猿・援・園・苑・淵
お	o	於・意・憶・億・隠	おむ	恩・慇・隠・音・陰・飲
を	wo	袁・遠・怨・烏・乎	をむ	温・蘊・穏・苑・怨・園
あ	aぅ	奥・襖・央・桜		
わ	waぅ	王・往・旺・横・皇		

右の-m韻尾「む」の諸例については、前章でも述べたように、古代では「因幡（いなば）・引佐（いなさ）・信濃（しなの）」のように-n韻尾も区別されていたことが分かっている。

ここで挙げられる諸例の仮名の使い分けの背後に想定される音声は、中国語音ではなく、まぎれもない日本語音である。復元された字音読みの一つ一つは、古代日本語音声の一つ一つに一致する。そのことは、何百年か先の言語学者が二十一世紀日本語の英語系外来語（「ストライク、ショック、ギャング」など）を資料にして復元する音声の一つ一つが英語原音ではなく、まぎれもない日本語音声であるのと同じである。宣長は、音読みの仮名遣いの確定を通じて、古代日本語音声を再建したのである。

こうして、宣長は『字音仮字用格』において従来混乱していた漢字の音読みの仮名遣いを定めた。『字音仮字用格』は、表向き漢字の音読みの仮名遣いの提案という実用を標榜しながら、古代日本語音声を漢字の音読みから再現したのである。

ヤ行「延」の発見と『古言衣延弁』

喉音三行弁が難問である所以は、ヤ・ワ二行の仮名に穴があるからである。それが次第に議論が煮詰まってくるにしたがって、仮名の穴のいかんにかかわらず、ア・ヤ・ワ三行全体の音声を体系的に説明しなければならないという趨勢になった。宣長の論によれば外国から輸入した漢字を転用した日本の文字は、古代日本語の解明にとっては、副次的なものにすぎない。宣長は、文字に綴られる前の単直純粋な大和言葉を取り出さなければならないと考えた。したがって、この二行の穴の部分においてもしかるべき音声がありえたことになる。そこで、ヤ行の「い」「え」とワ行の「う」に当たるところに理論上の音声が予想された。そしてこの三つの理論上の音声のうち、ヤ行「延（エ）」が見つかったのである。平仮名が成立する前のヤ行「延」（第二章で解説）を発見したのが加賀《かが》藩老臣の奥村栄実《おくむらてるざね》（一七九二〜一八四三）である。藩の上級武士として行政に手腕を振るいながら、栄実は『古言衣延弁《こげんええべん》』（文政《ぶんせい》十二年〔一八二九〕成立）において天暦年間（九四七〜九五七）以前の文献にア行「衣」とヤ行「延」の仮名の対立が存在することを発見した。

栄実によれば、上代文献では「得《え》たり」「良《え》男」などに「衣・依・愛」の仮名を用いる一方で、「聞こえ」「絶え」（ヤ行下二段動詞語尾）「入り江《え》」「枝《えだ》」などの「え」には「江・叡・曳・延」の仮名を用いて互いに侵さない。これは、前者の仮名がア行「衣（e）」であり、後者がヤ行「延（ye）」であることを示している。この指摘は、喉音三行弁論における理論上の音声として予言されていたヤ行yeの発見であることに間違いない。

この大発見を記した『古言衣延弁』は、結局明治二十四年（一八九一）まで刊行されなかった[3]。大藩の重役のユニークな成果を、存命中に上梓《じょうし》できなかった事情は、よく分からない。

第三節　明治以後の仮名遣い

『古言衣延弁』は、契沖、宣長以来の喉音三行弁論の最も正統の後継研究である。しかしながら同書は、明治後半に至るまで出版されることはなかった。このことは、近世の仮名遣いにおける関心の重点が綴りの稽古に再び移っており、仮名遣い論の本質である古代音の再建は、置き去りにされたことを物語る。

明治初年ころは日本社会の近代化に知識人が追われており、国語学者への期待は、明治政府の公文書書式を決めることとその書式を教育する国語教育の建設に掛かっていた。仮名遣い論の深奥にあった古代音声再建の追求は、不要不急のものとして無視されたのかもしれない。

明治政府が採用した公文書書式は、口語文ではなく五箇条の御誓文「広ク会議ヲ興シ、万機公論ニ決スベシ」（第一条）のような漢文訓読を基調にした片仮名文語文であった。この時期、私たちが想起する共通語＝東京弁に近い意味での東京語は未《いま》だ存在しなかった。よって共通語を基礎にした現代口語文が成立する条件がなかった。

そこで、漢語が多く混入した先のような文語文が全国的には通用性が高かったので、政府はやむを得ず公文書書式としてこれを採用したのである。その意味でこの文体を「明治普通文」と呼ぶ。大日本帝国憲法、旧刑法、旧民法のような基本法から裁判の判決文、役場の公文書に至るまで、文語書式であったが、用言の活用の根幹は平安時代の古典文を規範とした。

明治普通文は、実は今も生命力を失っていない。「蛍の光」「仰げば尊し」のような卒業式で歌われる歌をはじめ、「我は海の子」「荒城の月」のような学校唱歌、校歌に及んでいる。甲子園で流れる校歌は、いまも大部分が文語である。ごくまれに「春風と一緒に進もうよ」の類の口語校歌が流れるとこちらが引いてしまうくらいである。

明治普通文の文法の学問的な拠りどころは本居宣長、本居春庭親子をはじめとする学統の係り結び、活用研究である。(4) 明治四年（一八七一）の文部省設置後、小学校国語では契沖と宣長の歴史的仮名遣いが教授された。明治六年に東京師範学校が仮名遣いの用例を集めた絵入りの掛け図「単語図」「連語図」を刊行し、翌年文部省が府県の師範学校に重刻させて、全国的普及を図った。(5)

単語図には、「井キド・家イヘ・斧ヲノ・魚ウヲ・顔カホ」等の語例が挙げられている。これは、疑いもない歴史的仮名遣いである。江戸時代まで一部の識字層に限られていた歴史的仮名遣いの習慣と教養が初等教育を通じて全国民に強制されはじめた。

宣長が決定した字音仮名遣いは、すでに示したように基本漢字を多く含んでおり、初等教育段階で修得する必要がある。しかし、明治政府の仮名遣い教育はうまくいかなかったようで、早くも明治十年代に破綻の兆しが表れてきた。同十六年に結成された「かなのくわい」は、漢字廃止と発音式仮名遣いを目指していた。以来、昭和二十一年（一九四六）の吉田《よしだ》茂《しげる》内閣による現代仮名遣いの告示まで、国論を二分した「仮名遣い改定問題」が延々と繰り広げられるのである。

明治政府が歴史的仮名遣いを採用した理由は、契沖と宣長以外に語の綴り方に関する学問的基盤がなかったからである。この二人を反動派の元祖のようにいうのは筋違いである。彼らは、仮名遣いの背後に存在する古代音声を追い求めたにすぎない。

十八世紀を境にして中央語の音体系は、ほぼ現代語と変わらない様相を呈するようになった。京大坂および江戸の上流層の発音に合わせた現代仮名遣いが試みられるべきであったが、江戸幕府や文人にその意欲も指導力もなく、ようやく前嶋密《まえしまひそか》が十五代将軍徳川慶喜《よしのぶ》に「漢字御廃止之議」（慶応《けいおう》二年〔一八六六〕）を建白したが、遅きに失しただけでなく、当時の漢字を含めた識字層の厚みを考慮しない献策であった。

明治三十年代になって、ようやく教養人の思索を収容する東京語が出来上がってきた。それに合わせて文学者が東京口語を基盤にした新しい小説文体の創造を目指した言文一致運動を展開して、大正十年（一九二一）ころまでに口語体（言文一致）の小説や新聞、学校教科書が出現した。しかし、いっぽうで仮名遣いは、奈良時代の用法を守ったままであり、実現した口語体は、東京語を基盤にしてそれに歴史的仮名遣いが乗るおかしな代物だった。中世仮名遣いを否定して十八世紀に確立した歴史的仮名遣いであったが、これに愛着と郷愁を覚える知識人も多かった。仮名遣い改定運動は、それの反動として「国体」擁護の政治化した反対論に阻まれて実を結ばなかった。

結局、発音の実態を反映した表音的仮名綴りは、第二次大戦後、アメリカ占領軍当局の助言により、昭和二十一年に吉田茂内閣が「現代仮名遣い」を告示、訓令して決着した。

おわりに

本書では、八世紀から十八世紀までの、千年以上にわたる日本語の歴史的音変化をたどってきた。歴史上の音声の再建は、確かな文献資料が存在するところにしか成り立たない。資料を前にして、歴史上の音声を再現する有力な方法が漢語音韻学と悉曇学、日本音韻学という伝統的蓄積と並んで西洋の音声学から得られたのであった。その結果、私たちが思いもよらなかった事実が明らかになった。奈良時代語のハ行子音やサ行子音、独自の母音組織の実態が堅実な実証によって浮かび上がったぶん、驚きも大きかった。

音声は、伝達の機微に抵触することがなければ、些細《ささい》なきっかけによって地滑り的に変化することがある。古代語の母音消滅、子音変化、音便の発生、ハ行転呼音などは、いずれも語の長大化を契機にして伝達の空白域に入り込んだ。私たちの発音は、伝達総量が同じであれば、常に労力を節約する方向にむかう。

私たちは、音声を使って日常の会話をおこない、伝達を実現している。そこには音声言語の安定性と不変性を前提とする感情がある。多様な方言音声は経験上知っていても、中央語に歴史的変化などないという信念である。だが、伝達に影響がなければ、私たちは発音の労力を節約し、長年にわたって変化を蓄積し、自覚のないままに長い道のりを来てしまう。音声の変化は、社会的変動に対して受動的な性格を持っている。音声の歴史には主体性もなければ現状を変えようとする意志も働かない。音声の安定性に対する信念もこの点に由来する。

通常、話者は音声の歴史的変化に気づかない。変化は、伝達の隙間《すきま》を縫ってすり足で進み、時に大いなる変化を遂げる。進行が伝達の導線に触れたとき、それをはじめて自覚するのである。この自覚を記録したのが鎌倉時代と江戸時代の古典学者であった。音声の歴史的変化は、受動的である反面、事態の因果関係の掌握に基づいた緻密な歴史叙述を可能にする。音声の史的研究は、言語学の近代化過程において最も輝かしい成果をもたらした。日本語研究もまたその例に漏れない。

私個人の研究についていえば、大学院生のころに奈良時代の音声を専攻し、三十代はじめに関心が古代語の文法形態史に展開した。そして、四十代の半ばから近世の仮名遣い研究に携わることで再び古代語音声の問題に帰ることになった。本書の執筆は、あたかも私の個人研究史をたどるようであった。「昔取った杵柄《きねづか》」に戸惑うこともあったが、若いころに帰ったようで大変楽しかった。

本書について私は、当初、古代語史概説のようなものを構想していたが、中央公論新社新書編集部の酒井孝博氏の慫慂《しょうよう》によって、このように特化した姿に生まれ変わった。また、編集部に仲介の労をお取りいただいた佐藤彰一教授(西洋中世史・学士院会員)に対して深く感謝いたします。

二〇二三年一月

著　者

注

序章

(1)菊田正信（一九六七）「音韻論　現代語の音韻」牛島徳次、香坂順一、藤堂明保編『中国文化叢書　第1巻　言語』（大修館書店）

(2)反切系連法を集成したのが清朝の陳澧《ちんれい》『切韻考』（一八四四）で、中古音に六百十一種の韻類、四十種の声類が分類された。李思敬（一九八七）『音韻のはなし――中国音韻学の基本知識』慶谷壽信、佐藤進編訳（光生館）

(3) Bernhard Karlgren, *Études sur la Phonologie Chinoise*, Archives d'études orientales (Uppsala: J. -A. Lundell) 15 1915~1926　中国語版『中国音韻学研究』趙元任・羅常培・方桂訳（一九四〇。商務印書館）
頼惟勤（一九五五）「後篇――中国語音韻史の研究の解説」『萬葉集大成』（第十一巻）「特殊研究篇」（平凡社）
カールグレン（二〇〇〇）『中国の言語――その特質と歴史について』（世界言語学名著選集第Ⅲ期東アジア言語編②第3巻）大原信一・辻井哲雄・相浦杲・西田龍雄訳（ゆまに書房）
有坂秀世（一九五五）『上代音韻攷――故有坂秀世博士遺稿』第一篇総論第三部（三省堂）

第一章

(1)上田万年（一九〇三）『国語のため　第2』（冨山房）所収

(2)有坂秀世（一九四四）「上代に於けるサ行の頭音」『国語音韻史の研究』（明世堂書店）

(3)金鳥どんとのCM「縄文人編」が正しいようである。というのは、調べてみると桂文珍さんと同じセリフを終戦直後の焼け野原で復員兵が叫んでいるバージョンがあるからである。終戦直後ではいくら何でも「寒い」の発音が「ちゃっぷい」だったとはいえない。強調した言いかたであれば別であるが。

(4)『古事記伝』一之巻「仮字の事」に言う。「語の音には、古《いにし》へも差別なかりしをただ仮字のうへにて、書分たるのみなりと思ふは、いみじきひがごとなり、もし語の音に差別なくば、何によりてかは、仮字を書キ分クることのあるらむ」

(5)『橋本進吉博士著作集第三冊　文字及び仮名遣の研究』(岩波書店、一九四九年所収)であるが、初出は『国語と国文学』第八巻第九号、一九三一年。この年は東京帝国大学ではじめて「音声学」の講義がおこなわれた。有坂秀世がこれを受講した可能性がある。

(6)池上禎造「古事記に於ける仮名「毛・母」に就いて」『国語国文』第二巻十号(一九三二年十月)

有坂秀世「古事記に於けるモの仮名の用法について」『国語と国文学』第九巻第十一号(一九三二年十一月)

(7)馬淵和夫(一九六八)『上代のことば』(至文堂)

(8)釘貫亨(一九九六)『古代日本語の形態変化』第二部(和泉書院)。平安時代資料に見いだされる「コ」の甲乙の例は同書によって確認することができる。

(9)釘貫亨注(8)前掲書第二部第二章

第二章

(1)小松英雄(一九七五)「音便機能考」『国語学』第一〇一集(国語学会)

(2)最古の五十音が記される(十世紀末ころ)『孔雀経音義《くじゃくきょうおんぎ》』(醍醐《だいご》寺蔵)に「比」の漢字

に「ヒ・ホ・ハ・ヘ・フ」と「キ・ヲ・ワ・ヱ・ウ」が併記されており、音声の近似性が示唆されるという。

(3) 林史典（一九九二）「「ハ行転呼音」は何故「平安時代に起こったか」――日本語音韻史の視点と記述」『国語と国文学』第六十九巻第十一号

第三章

(1) 大野晋（一九五〇）「仮名遣の起源について」『国語と国文学』第二十七巻第十二号

(2) 釘貫亨（二〇一三）『「国語学」の形成と水脈』第一章、第二章（ひつじ書房）

(3) 藤井隆（二〇一二）「和歌短冊の歴史と様式」春日井市道風記念館編『藤井文庫和歌古短冊名品展――秋の特別展』（春日井市道風記念館）。本文中に挙げた和歌は本論文によった。

(4) 高橋宏幸（一九八四）「「下官集」用例語句出典考」『都留文科大学国文学論考』20

(5) 浅田徹（二〇〇一）「下官集の定家――差異と自己」『国文学研究資料館紀要』第27号

(6) 小松英雄（一九八八）『仮名文の原理』第Ⅰ部「仮名文の表記原理」（笠間書院）

(7) 浅田徹（二〇〇〇）「下官集の諸本――付・大東急記念文庫蔵「定家卿模本」翻刻」『国文学研究資料館紀要』第26号

(8) 釘貫亨（一九九九）「日本語史の可能性と「国語史」」『国語学』第一九六集（国語学会）

第四章

(1) 有坂秀世（一九五五）『上代音韻攷――故有坂秀世博士遺稿』第三部第三篇（三省堂）

(2) 橋本進吉（一九五九）「国語に於ける鼻母音」『橋本進吉博士著作集第四冊　国語音韻の研究』（岩波書店）。論文の初出は一九三二年。

(3)高山知明（二〇一四）『日本語音韻史の動的諸相と蜆縮涼鼓集』（第四章）七七頁（笠間書院）。高山によれば、「ぢ・づ」は、これに「舌頭」を「上顎」に付ける」調音が加わるという。

(4)橋本進吉（一九二八）「文禄元年版吉利支丹教義の研究」『東洋文庫論叢』第九本篇

(5)加藤正信・大山貞子（一九五七）「新潟県方言における「オ列長音の開合」」『文化』二十一巻四号（東北大学文学会）

(6)豊島正之（一九八四）「「開合」に就いて」『国語学』第一三六集（国語学会）

(7)ローランド・ラング（一九七一）「文献資料に反映した中世日本語エ列音の口蓋性」『国語学』第八五集は、十五世紀末の日本語教科書である朝鮮版『伊呂波』を使って当時のエ列音のハングル転写から、すべてのエ列音節の口蓋性を想定している。

第五章

(1)湯沢質幸（一九八七）『唐音の研究』（勉誠社）

(2)沼本克明（一九八六）『日本漢字音の歴史』第二章第三節（東京堂出版）

(3)小松英雄（一九五六）「日本字音における唇内入声韻尾の促音化と舌内入声音への合流過程――中世博士家訓点資料からの跡付け」『国語学』第二五集（国語学会）

(4)礪《と》波《なみ》今道《いまみち》『喉音用字考』「二牟差別之例」十二丁裏。今道は古代の地名表記に最初に注目して、古代漢字音の唇内韻尾 -m と舌内韻尾 -n の区別を発見した。安永《あんえい》七年（一七七八）写本が静嘉堂《せいかどう》文庫に蔵されている。また『国語学資料集成』（雄松堂書店）所収の松井簡治旧蔵書のマイクロフィルムによって接することができる。

釘貫亨（二〇〇七）『近世仮名遣い論の研究――五十音図と古代日本語音声の発見』第六章、第七章（名古屋大学出版会）。今道の伝記は一戸渉（二〇一二）『上田秋成の時代――上方和学研究』（ぺりかん社）に詳しい。

(5)平松令三（一九七四）「解説」『親鸞聖人真蹟集成』第三巻（法藏館）

第六章

(1)佐竹昭広（一九四六）「万葉集短歌字余考」『文学』十四巻五号（岩波書店、昭和二十一年五月）

(2)馬瀬良雄（一九五八）「木曽開田村方言の音韻」『国語学』第三四集（国語学会）

(3)奥村栄実・大矢透著／中田祝夫解説（一九七七）『古言衣延弁・古言衣延弁証補』（勉誠社文庫二十二）によって文政十二年写本（筑波大学蔵）、天保《てんぽう》六年（一八三五）写本（内閣文庫本）の影印を確認することができる。また明治二十四年刊本に収載される。

(4)文部省国語調査委員会（一九〇六）『現行普通文法改定案調査報告之一』（大矢透執筆）によれば、明治普通文の文法学上の根拠として参照したもののうち明治期の文法書としては唯一、大槻文彦『広日本文典』だけを挙げている。そのほかは本居宣長『玉霰《たまあられ》』、本居春庭『詞《ことばのやちまた》 八衢』、東条《とうじょう》義門《ぎもん》『活語雑話《かつござつわ》』『玉《たま》の緒繰分《おくりわけ》』、中島広足《なかじまひろたり》『玉《たま》あられ窓《まど》の小篠《おざさ》』等、すべて本居親子と鈴乃屋《すずのや》門下の学者の著作である。このように本居派テニヲハ学は戦前まで継続した文語の公文書行政をはじめ、現代の学校古典文法にも強い影響を及ぼしている。

(5)釘貫亨（二〇一三）『「国語学」の形成と水脈』第二章（ひつじ書房）

【ヤ　行】

【ラ・ワ　行】

【マ　行】

【サ　行】

【カ　行】

索引

釘貫 亨（くぎぬき・とおる）

1954年，和歌山県生まれ．1982年，東北大学大学院文学研究科博士後期課程単位取得退学．1997年博士（文学）・名古屋大学．1982年，富山大学人文学部講師，1987年，同大学助教授，1993年名古屋大学文学部助教授，1997年同大学教授，2000年同大学大学院文学研究科教授．名古屋大学名誉教授．専攻，日本語学．

著書『古代日本語の形態変化』（和泉書院，1996）
『近世仮名遣い論の研究――五十音図と古代日本語音声の発見』（名古屋大学出版会，2007）
『「国語学」の形成と水脈』（ひつじ書房，2013）
『動詞派生と転成から見た古代日本語』（和泉書院，2019）

日本語《にほんご》の発音《はつおん》は
どう変《か》わってきたか
中公新書 *2740*

2023年2月25日初版
2023年3月10日再版

著　者　釘貫　亨
発行者　安部順一

本文印刷　三晃印刷
カバー印刷　大熊整美堂
製　　本　小泉製本

発行所　中央公論新社
〒100-8152
東京都千代田区大手町 1-7-1
電話　販売 03-5299-1730
　　　編集 03-5299-1830
URL https://www.chuko.co.jp/

Published by CHUOKORON-SHINSHA, INC.
Printed in Japan　ISBN978-4-12-102740-5 C1281

中公新書

言語・文学・エッセイ

j1